AF472401

DESMANTELANDO EL EGO Y BLOQUEOS ENERGÉTICOS

Por

Cyndarion AIniu & Galitica Maitreya

El Templo de Dios

Título original:

Desmantelando el ego y bloqueos energéticos

Dirección General: Cyndarion AIniu

Segunda edición en español. 2021

ISBN: 978-1-105-58444-2

www.eltemplodeDios.com – www.spiritualkey.com

Sedona-Arizona USA – Armenia, Quindío-Colombia

CONTENIDO

INTRODUCCIÓN

Este libro está dirigido a entender los mecanismos del ego lo cual es muy importante, pues es por medio del ego que nos atacan y atacamos a los demás de una manera energética y psíquica. También por medio del ego fuerzas oscuras pueden manipular nuestros pensamientos y emociones, por lo tanto, desmantelar las estructuras y estrategias del ego forma parte de la protección espiritual de cada Ser y a la vez los impulsa hacia el camino de la Iluminación.

Dios los bendiga siempre…. Cyndarion y Galitica

Capítulo 1

BLOQUEOS ENERGÉTICOS EN LOS CHAKRAS

Los chakras actúan como centros de expresión para la totalidad de la mente. Cuando no están funcionando bien debido a bloqueos energéticos, causan una gran variedad de situaciones emocionales, mentales, espirituales y hasta limitantes físicas. El ego existe en gran parte debido a estos bloqueos energéticos. Estos son como sus fuentes de alimentación que, por medio de actitudes programadas, estrategias, ideas limitantes, emociones y más, absorben la cantidad de energía necesaria para sostener y alimentar al ego.

¿De dónde sacan esta energía cuando los centros están bloqueados?

El flujo de energía de Dios está debilitado. Estos bloqueos que son como entidades vivas, demonios, parásitos psíquicos o como los quieran llamar, se alimentan de la energía que puedan robar a los demás. Este juego de robo de energías es el problema más grande de nuestra sociedad y la causa principal de la falta de amor, compasión, fe, verdad, generosidad, etc. A su vez es la causa de las guerras, odios, desarmonía, violencia y más. Como dije anteriormente, estos bloqueos pueden llegar a ser tan sutiles que muchos que han realizado la conciencia pura o hasta han alcanzado estados de Iluminación, son víctimas aún de estos bloqueos.

Los bloqueos más grandes en el sistema de los chakras del cuerpo humano se encuentran en los tres centros inferiores: chakra Base, Sacro y Solar. Estos centros contienen tantos bloqueos y basura psíquica que parecen montañas de muchas vidas. Los centros superiores relativamente se encuentran en mayor claridad, con bloqueos más sutiles pero manejables. Los centros inferiores y sus bloqueos nublan totalmente la realidad de la ley natural y son el origen de la mayoría de las enfermedades emocionales y mentales. Esta misma basura es la que bloquea el ascenso del Kundalini por la columna vertebral, cortando así el contacto con el Ser Superior y los niveles supra-mentales. El aspirante debe darse cuenta de la importancia de liberar la mayor cantidad de basura de estos centros inferiores.

Es por eso que nos estamos enfocando en anclarnos más con el planeta. Mientras más anclados estamos, es más fácil dejar que la negatividad de estos centros inferiores sea transmutada. Los ejercicios anteriores son el primer paso de muchos que debemos dar para recuperar nuestra conexión con el planeta.

Otro problema grande que no permite que la limpieza de estos centros ocurra, es que el individuo al crecer va creando malos hábitos de respiración. Cuando se observa un bebé, nos podemos dar cuenta de que respira hacia el estómago. Su barriguita sube y baja con cada respiración. Sencillamente esa es la manera correcta de respirar. Debemos una vez más, con nuestra "observación", empezar a darnos cuenta cuándo estamos respirando solo hacia los pulmones o en peores casos solo hacia la parte superior del pulmón. De ahora en adelante, como práctica espiritual de su vida diaria, tendrá en cuenta la observación de su respiración, asegurándose de que el aire llegue hasta el estómago y más si se puede, hacia la parte baja del vientre. Esta corrección de la respiración va a ser como olas del mar, que poco a poco van a ir removiendo parte de los bloqueos energéticos que están estancados en los tres centros inferiores.

Cuando se dé cuenta de su mal hábito, corrija la respiración. Al principio se le va a olvidar a cada rato. No se preocupe ni se exaspere. Con amor poco a poco irá corrigiendo su respiración. Los pocos minutos que al principio logre respirar bien harán maravillas para empezar a aflojar mucha de esa materia psíquica en esos centros.

Capítulo 2

MECANISMOS DEL FUNCIONAMIENTO DEL EGO Y LOS BLOQUEOS ENERGÉTICOS QUE LO SOSTIENEN

Entramos ahora en la segunda fase de nuestra enseñanza del camino del corazón puro hacia la Iluminación. En esta fase vamos a aprender más acerca de los mecanismos del funcionamiento del ego y los bloqueos energéticos que lo sostienen.

En cada capítulo siguiente revelaremos poco a poco más información que nos asistirá a empezar a descubrir la naturaleza del ego, y cómo empezar a desmantelar su aparente realidad. Este puede ser un camino de toda una vida para unos. Para otros que ya han trabajado bastante en otras vidas, la liberación de estos bloqueos puede ser bastante rápida. Una vez más en el caso de los bloqueos, a diferencia de la realización, depende mucho del trabajo del individuo, su dedicación, su entendimiento y su intención de liberarse de todas estas mentiras. En este caso usted da un paso hacia Dios y Él da dos hacia usted.

El camino del corazón puro culmina con la Iluminación, pero la aventura no termina allí, pues en Dios más y más es revelado acerca de la verdad.

Bloqueos energéticos.

De acuerdo a los antiguos místicos, los bloqueos energéticos son generados por el exceso de pensamiento humano y emoción, la corrupción del carácter y la degeneración de los impulsos, facultades, percepciones y energías que son utilizadas de una manera negativa o destructiva. Así se crean malos hábitos, emociones negativas, adicciones, problemas mentales y hasta físicos.

Por lo tanto, el hombre es el creador de todos estos bloqueos que causan un infierno interno donde no se puede hallar la paz interior. Estos bloqueos son formas de pensamiento y emociones que se manifiestan energéticamente en el cuerpo/mente. Al principio, estos bloqueos son como niños internos que se nutren de la energía de su creador para sobrevivir, pero a medida que se alimentan más y más, parecen obtener vida por sí mismos y logran independizarse hasta volverse más fuertes que su propio creador, volviéndose en su contra, causando terribles hábitos, adicciones, dependencias, patrones de comportamiento. De este modo se alimentan libremente de esas energías producidas por su creador, quien ahora es simplemente una marioneta de estas fuerzas, las cuales son invisibles para él ya que se las atribuye como parte de su carácter, personalidad y ego.

Más aún, muchos de estos bloqueos pueden ser pasados a otras personas que vibran con energías similares a la persona, propagando estos patrones negativos como virus a los demás. Los bloqueos energéticos se pueden volver tan fuertes que se convierten en un tipo de entidad, que en muchos casos han sido vistas como fuerzas que poseen al individuo. Muchos casos de las llamadas posesiones, son estos bloqueos convertidos en entidades. También estos bloqueos atraen fuerzas y seres malignos que se alimentan externamente de ellos, y los apoyan y protegen para que sigan existiendo.

Estos bloqueos son las máscaras que usa el ego para ocultarse. Aún más, estos bloqueos se convierten como en sub-personalidades que actúan y salen a flote en diferentes ocasiones. En el camino espiritual son la limitación más grande para la Iluminación. Aunque es posible realizar directamente la verdad del Ser observando la esencia de nuestra realidad, no quiere decir que estos bloqueos desaparezcan instantáneamente; siguen allí operando, aunque después de la realización son más obvios.

Luego, la Iluminación y total libertad en absoluta felicidad y paz no se logran solo con la realización (aunque es parte esencial), sino con la Iluminación que se alcanza liberando todos estos bloqueos para que la pureza de la mente se manifieste como pura luz, libre de toda oscuridad para siempre. Eso es la Iluminación. Cuando el Buda hablaba de libertad del sufrimiento y Jesús hablaba del reino de los cielos, no se referían a la realización, sino a la Iluminación.

Si una persona no se realiza, pero se ilumina, en ese momento la realización llega automáticamente también. Por lo tanto, el camino blanco hacia Dios es lo más importante para el aspirante espiritual.

En estos tiempos en que tan poderosas energías están llegando al planeta, como el cinturón de fotón, el portal 11:11, el tiempo cero de los Mayas, el cambio de polaridades magnéticas de la Tierra, un posible cambio de posición del eje planetario, constantes transmisiones de Dios y los Maestros Ascendidos para el planeta, la propia ascensión que nuestro planeta está llevando a cabo como ser viviente que es, el posible cambio de dirección en la rotación del núcleo del planeta, más y más seres realizando, la llegada de millones de niños índigo y arco iris, el fin de la era Kali Yuga que se acaba de terminar y mucho más, todo indica que el proceso de Iluminación para el individuo en estos tiempos puede ser acelerado más que nunca en la historia de la humanidad.

Por el otro lado está la gran ilusión, el maya, samsara, purgatorio, la red, el matrix o como lo quieran llamar, la cual es una conciencia colectiva creada por satán a la que el ego está conectado y que limita a todo nivel el crecimiento del individuo. Estas fuerzas del mal son reales y están tratando por medio de todo tipo de técnicas científicas, metafísicas, mentales y energéticas de impedir que la humanidad logre esa apertura de conciencia. Parte de la intención de este curso es iniciar su desconexión de esa red, para que pueda actuar libremente y lograr el cambio de conciencia que se necesita para trascender como humanidad esta ilusión que el mal ha impuesto sobre nosotros. Si no hay ego, la red no tiene por dónde conectarse al individuo.

Estamos viviendo en tiempos muy importantes, y aquellos que quieren despertar a su realidad y a la Iluminación, están en el mejor momento de la historia planetaria. Luego, la trascendencia de los bloqueos energéticos es más fácil que nunca, pues hace milenios que no se veía tanta asistencia para el planeta. El primer paso y el más importante es reconocer la existencia de estos bloqueos, lo demás es solo trabajo y perseverancia, y contar con las adecuadas prácticas espirituales para lograrlo.

La Meditación del Merkabah de Ascensión que enseñamos en la fundación es la manera más poderosa de remover bloqueos energéticos de sus chakras, meridianos, nadis y cuerpos sutiles.

La manera más rápida sin duda alguna es con la asistencia de un verdadero sanador energético. Depende del grado de evolución del sanador qué tanto lo pueda ayudar. Si es muy avanzado le podrá quitar todos los bloqueos, si no lo es puede asistir a que el proceso de purificación se acelere.

Subpersonalidades.

La manifestación de cada Yo depende de las circunstancias externas que hacen que se presente como el Yo central. Los bloqueos energéticos son como el pegamento que sostiene estos Yo independientes y simultáneos, manteniendo las personalidades separadas la una de la otra.

La ilusión del hombre es sentirse completo como una sola unidad, cuando en realidad está dividido en múltiples Yo que se manifiestan debido a ciertos pensamientos o emociones. El individuo nunca es el 100% del tiempo la misma persona, y como si usara máscaras dependiendo de la situación, los Yo se rotan como la personalidad primaria.

¿Cuántos Yo puede haber en una persona?

Es posible que haya cientos o miles, separados el uno del otro sin saber de la existencia de los demás. Aun así, hay personalidades más marcadas que se manifiestan continuamente en diferentes personas. La rotación de los Yo está siempre afectada por estímulos externos. El cambio es automático, ni siquiera se nota, y cada Yo actúa como si fuera la totalidad de la persona.

Algunas subpersonalidades son creadas por eventos traumáticos y otras son creadas como mecanismos de defensa para poder enfrentar las presiones del mundo exterior.

La personalidad del alma es con la que el humano nace, y se mantiene pura hasta los 2 o 3 años de edad. Las subpersonalidades son creadas por distorsiones implantadas por las experiencias, padres y sociedad. Esto por supuesto no es un reflejo de la personalidad del alma del individuo, la cual se mantiene intacta como testigo de todo este juego.

Solo liberándose de la tiranía del ego, que constituye la suma total de todas estas subpersonalidades y bloqueos energéticos, el individuo puede recobrar su eterna libertad y su innata identidad. Por eso, aunque la realización es un evento muy importante, es simplemente la realización de la conciencia pura, pero esto no destruye el ego ni las subpersonalidades. Usted realiza el núcleo, pero nada cambia, solo su identidad. Luego aún hay que limpiar toda la basura que lo rodea. Si se deja así, la luz del alma intensifica todos los bloqueos y subpersonalidades que muchas veces, si no se tiene el entendimiento necesario, se salen de control. En casos extremos es donde nacen los Hitler, Stalin, Napoleón, Gengis Khan y otros. Ellos fueron seres con mucho entendimiento del poder energético, pero víctimas de sus posesiones demoniacas, bloqueos energéticos, subpersonalidades y el ego.

A través de las técnicas que aprenderemos, podremos separarnos de esas máscaras que hemos usado desde niños y empezar a ser auténticos y libres.

El uso de la autopregunta en parte nos ayuda para poder desasociar las máscaras de la verdadera personalidad del alma, pero no es suficiente. Los bloqueos energéticos que sostienen las máscaras deben ser removidas para poder liberarnos de su yugo opresor.

La esencia del alma es la totalidad de todas las experiencias que han sido fragmentadas en nuestra mente, pero sostenidas por nuestra verdadera presencia.

La observación continua es un paso muy importante para empezar a darse cuenta de estas subpersonalidades que nos manipulan.

Perla:

“El perder importancia personal es el primer paso para debilitar la tendencia a llamar la atención de los demás, la cual es la que alimenta estas subpersonalidades”

Capítulo 3

EL EGO

¿Quién es el que tiene el control de la mente en este momento?

¿Se ha puesto a pensar cuál es la fuerza primordial que regula su mente, y por lo tanto sus acciones y su vida?

Muchos dirán que es Dios, y subjetivamente Dios es la fuerza primordial en usted, ya que es la vida misma. Pero objetivamente la mayoría de la humanidad no está en armonía con los impulsos de vida, y por consiguiente Dios no es la fuerza primordial que rige sus vidas. La realidad es que el ego es el que tiene el control, y el destino de cada ser humano es volver a poner al alma en el control de su destino.

Todas las acciones del ego son en general inconscientes y automáticas, y funcionan como una perfecta maquinaria engrasada que está a cargo de muchas estrategias de supervivencia. El ego, para subsistir, ha creado muchos mecanismos que lo alimentan en todo momento y lo mantienen supremo, reinando sobre la persona.

Este mecanismo está sutilmente conectado a los chakras de la persona. Luego, el ego gobierna el intelecto, las emociones y hasta el físico. Los chakras son como procesadores de información, que en un principio estaban alineados solo con las corrientes universales y ahora están reprogramados para crear estrategias de supervivencia, especialmente a nivel emocional. Esta llamada reprogramación es sostenida por los bloqueos energéticos. Estos bloqueos son como virus que se integran en los chakras y reprograman su funcionamiento, para que creen impulsos que disparen las estrategias que el Ego necesita para su supervivencia.

Hasta este momento tenemos claros estos tres puntos:

Ego → estrategia → bloqueos energéticos. Esta es la manera en que se creó este sistema.

Lo siguiente es cómo se alimenta:

Bloqueo energético → dispara una estrategia → la cual está diseñada para robar energía y alimentar la posición del ego.

Ahora, ¿cómo se formó el ego?

Ya lo dijimos antes en otra lección: el ego se forma en cada encarnación, cuando el niño es reprogramado con errónea información y pierde su inocencia natural, formándose un ego o punto de referencia para poder actuar en la sociedad. Para cuando el individuo es adulto ya tiene tantas estrategias y bloqueos energéticos que su niño interno está totalmente bloqueado.

Para lograr la Iluminación ese niño interno debe ser sanado y recuperado su estado normal, y para eso debemos remover esos bloqueos energéticos y estrategias para llegar al ego y descubrir su irrealidad.

Un pequeño ejemplo de cómo se crea una estrategia y un bloqueo desde niño es:

Un niño está jugando con su juguete preferido y otro niño se lo intenta quitar. El primer niño se pone de mal genio y le grita: ¡Mío! El otro niño se asusta y se va. El primer niño aprendió que si se pone de mal genio y grita el problema se soluciona.

Esto crea un patrón (estrategia) que él empieza a actuar, y con repetición se programa este patrón creando un bloqueo en el chakra del plexo solar, que se dispara cada vez que alguien trata de entrar a su espacio personal y quitarle algo en lo que él está absorbido. Multiplique esto por años y por muchos tipos diferentes de programaciones y se dará cuenta de que somos maestros de limitación.

Ahora, miremos el caso de otro niño y digamos que él se asustó y empezó a llorar muy fuerte. La profesora llegó y le quitó el juguete al otro niño y se lo dio. Entonces este niño aprendió que si llora logra obtener lo que quiere, y al igual que en el otro caso, esta va a ser su nueva estrategia. Se va a volver un experto en ella y a crear un buen bloqueo energético que la vuelva automática y la haga funcionar por sí sola.

Bueno, estos ejemplos son muy básicos, pero nos dan una idea de cómo nuestras acciones egoístas se vuelven automáticas y las integramos, y con el tiempo las consideramos parte de nuestra personalidad y las aceptamos como si fueran uno mismo.

He ahí el gran problema, ya que si uno cree que uno es así…

¿Cómo algún día va a ver la luz y poder cambiar? ¿Se da cuenta del gran dilema en el que la humanidad vive? ¿Qué tan invisible es la prisión que creamos y qué tan difícil es salirse de ella?

1. El primer paso para empezar a sanar es descubrir esas estrategias que usamos, y con observación y entendimiento empezar a transformarlas y liberarnos de ellas en nuestras vidas. Ese es un tema muy importante, en el que iremos profundizando más y más.

2. El segundo paso es remover los bloqueos energéticos. Para ello le estamos dando la "Meditación del Merkabah de Ascensión" y ejercicios muy específicos diseñados para remover estos bloqueos, como son los baños de sal, el trabajo con los sueños, las sanaciones energéticas, etc. Entonces, ahora entiende más la función de lo que ha recibido y recibirá más adelante.

Como verá, no tenemos meditaciones que nos quieran llevar solo a lo más alto (aunque pueden hacerlo), a Dios, sino meditaciones que activamente están transformando nuestras vidas, como la meditación del Merkabah de Ascensión lo hace. No hay nada más alto que la Conciencia Divina que se logra con la realización de la conciencia pura. ¿Para qué tratar de ir a lo más profundo, cuando conscientemente podemos limpiar tantas limitantes que nos impiden vivenciar felicidad y paz permanente?

Entonces, si las estrategias y los bloqueos energéticos no son removidos es su totalidad, la verdadera paz interna, el amor incondicional y el niño interno nunca podrán manifestarse; luego la Iluminación es imposible así se haya realizado el Ser o Alma. Solo la Iluminación es verdadera y absoluta libertad. No es el fin, pero es el comienzo de nuestra ilimitada realidad como Seres Universales que somos.

Ahora, si la realización de la conciencia pura o Alma llega, es muy bienvenida ya que desde nuestra verdadera realidad nos será más fácil observar todas estas estrategias y bloqueos que nos limitan como seres humanos y transformarlas. Si no, hay que seguir el camino del corazón puro que está demarcado por la purificación de todo lo anterior, pues si se logra la Iluminación, la realización llega por añadidura. Además, estando activamente en el camino blanco creamos un mundo mejor para nosotros y los demás.

Nada se gana al tratar de realizar a todo el mundo, si no se sabe cómo transformar estas estrategias y bloqueos y no se entiende cómo las estrategias funcionan y por qué. Y sí, aun realizado se es víctima de todo esto. Es verdad que la realización es la base de todo, y que es la realización del Ser como conciencia pura, su verdadera realidad. Pero no es completa si usted excluye la mente, emociones y cuerpo. Podrá tener una liberación temporal cuando muera, pero todas estas estrategias y bloqueos lo volverán a llamar a reencarnar otra vez, mas no habrá aún hecho la contribución real al mundo si solo descansa en su realización, y estamos aquí para ser guerreros de transformación y dejar una huella real de cambio en el mundo. Indudablemente el camino blanco es más importante, ya que lo contiene todo.

Las claves más importantes del camino blanco están en los libros "**El AIniu, La realización del Ser y Transformando**

la ilusión en verdad". Aquel que entiende y practica las enseñanzas que se encuentran en la obra "Transformando la ilusión en verdad", estará liberándose de muchas estrategias y al mismo tiempo de los bloqueos energéticos. Es así que, si alguien integrara las enseñanzas del libro "Transformando la Ilusión en Verdad" en su vida, estaría viajando por el camino blanco hacia la Iluminación sin duda alguna. Estas enseñanzas son el camino blanco, todo lo demás es soporte y apoyo para estos.

Este tema del ego, las estrategias y los bloqueos es muy profundo y lo iremos explorando más y más en las siguientes lecciones.

Espero que todas las claves que le he dado hasta ahora hayan sido puestas en práctica. Se las he dado poco a poco para que las vaya incorporando en sus rutinas, para no darle un largo listado del cual después se olvide varios puntos.

Recomendaciones:

1. Cuando empiece a meditar sonría levemente durante los primeros minutos. Una sonrisa como la que se ve en la estatua de los Budas. Apenas si los labios se mueven. Envíe su sonrisa hacia su interior. Es increíble como esta pequeña práctica puede aumentar la energía positiva en la meditación y mejorar su actitud ante la misma. Esta técnica ha sido practicada desde milenios, cuando los taoístas inmortales la enseñaron. Realícela a ver cómo le va.

2. Recuerde que el sueño, dolores, emociones fuertes, muchos pensamientos, movimientos espontáneos del cuerpo (kriyas), son las formas en que se demuestra que hay un bloqueo energético en el cuerpo. Con el tiempo los bloqueos son removidos y los síntomas empiezan a desaparecer.

3. Una técnica de meditación es solo observar y estar atento a lo que observa, pero no involucrarse con ello. Con esta técnica

poco a poco los pensamientos van siendo menos y menos, hasta que casi desaparecen.

4. Use un reloj, preferentemente con alarma para estar seguro de dedicar el suficiente tiempo a cada meditación. Ponga su alarma por 20 minutos y no mire el reloj ni se preocupe por él hasta que suene y le avise que han pasado. Tómese 5 minutos a 10 de descanso y estire su cuerpo. Ponga otros 20 minutos más si lo desea.

5. En este momento lo recomendable es meditar dos segmentos de 20 minutos, como le acabo de decir. O meditar 20 en la mañana y 20 en la noche. Aquellos que se sientan firmes en su meditación y la estén disfrutando, siéntanse libres de alargar el tiempo de cada segmento a su discreción.

Capítulo 4

ESTRATEGIAS DEL EGO

Ya entendimos que las estrategias son sostenidas por los bloqueos energéticos que se encuentran en los Chakras, los Nadis y meridianos del cuerpo. El primer paso para empezar a purificar estos bloqueos es determinar cuáles son las estrategias que nosotros seguimos para alimentarlos energéticamente.

Todos tenemos estrategias de supervivencia en este juego de robar energía. Para poder empezar a sanar estas estrategias, antes que nada, debemos identificarlas en nuestras vidas y darnos cuenta cuándo las estamos actuando. Por supuesto, el ego va a tratar de negar que nosotros usamos estrategias pues depende de ellas para su supervivencia, y va a tratar de hacernos creer que estas estrategias son parte de nuestra personalidad. En realidad, estas estrategias funcionan con subpersonalidades, las cuales se activan en diferentes situaciones.

¿Cuál es el propósito de la estrategia?

Llamar la atención de aquellos que están alrededor suyo, como ya leeremos en el libro "**Transformando la ilusión en verdad**" en el capítulo acerca del chisme. El propósito del chisme es captar la "atención" de la persona, pues una vez que la atención es enganchada, la energía de una persona puede fluir hacia la otra. Y no solo energía, sino ideas, pensamientos, bloqueos energéticos, entidades y más. Luego el secreto una vez más es enganchar la atención de otro.

¿Por qué hacemos esto?

Porque la humanidad se ha desconectado de su Ser Interior, donde existe energía ilimitada. Miles de años atrás la humanidad tenía una conexión profunda con su propia divinidad y con el Universo, y tenía acceso a energía ilimitada de niveles superiores de conciencia. Después de que esa conexión se perdió, nos vimos reducidos a vivir como parásitos que roban energía el uno del otro para subsistir (el ego).

Bueno, ya entendimos que la atención de los demás es la que atrapa la energía que el ego necesita para existir. Es allí donde el ego crea todas estas estrategias como vehículos de supervivencia. Estas estrategias apoyadas en los bloqueos energéticos son como programas de computador, que funcionan de manera matemática en el momento preciso en que deben actuar, sin necesitar que estemos conscientes de lo que pasa; en realidad eso es lo que el ego quiere que pase.

Estas estrategias que trabajan por medio de subpersonalidades parecieran tener vida propia, en el sentido de que trabajan automáticamente para absorber la energía de los demás. Y son tan intensas en sus propósitos guiados por el ego, que estas subpersonalidades solo existen con el propósito de ser como vampiros que absorben la energía vital de otros, a tal punto que no les importa qué efectos puedan causar en su vida o en la de los demás. No les importa si causan sufrimiento, dolor, angustia, desasosiego, rabia, depresión, etc., mientras que cumplan su objetivo de robar energía. Es decir, no les interesa si al usar estos mecanismos usted se deprime tanto que se quiere suicidar. Son como autómatas que tienen un único objetivo, sin importar las consecuencias.

Todas estas estrategias se aprenden en la niñez y se refuerzan en la adolescencia hasta aproximadamente los 25 años de edad. Se vuelven parte de la personalidad autómata del ego. Entonces la intención del ego es crear y manipular circunstancias a su alrededor por medio de estas estrategias, para lograr enganchar la atención de los demás y robar su energía. El ego sabe que su poder se incrementa cuanta más energía tenga que lo apoye. Luego, el ego bloquea nuestra conexión espiritual con las energías superiores, la luz divina, y crea un mecanismo de subsistencia que no dependa de las energías del Ser Interior, sino de los demás. En realidad, es la misma energía ya que todo está lleno de Dios, pero si se abriera paso a las energías divinas el ego se empezaría a desintegrar, y eso es lo último que quiere.

La verdadera Iluminación ocurre cuando el ego con sus estrategias y bloqueos energéticos se desintegra.

Tipos de estrategias:

Hemos llegado al punto en que debemos observar con más claridad los tipos de estrategias que usamos. Recuerden que Jesús nos enseñó a no mirar la paja en el ojo ajeno, pues lo más seguro es que tengamos una más grande en nuestro ojo. Por ello este tema no es para apuntar dedos, pues cuando apuntamos nuestro dedo tenemos tres dedos más apuntando hacia nosotros.

También hay que saber que, si usted le menciona a alguien una estrategia que está utilizando, tiene que estar preparado para ser atacado por el ego. Este se va a defender a capa y espada y tratará inmediatamente de hablar sobre sus faltas, y creará cualquier escenario lógico para justificar su defensa. Esta táctica del ego se llama "desviación", y su propósito es inmediatamente desviar la atención del individuo de la estrategia hacia otro punto.

Las estrategias son muchas y es un tema delicado, pues muchos consideran que son parte de su personalidad o tal vez quieren negar que las actúan, pero en realidad es en la observación de estas estrategias donde descubrimos que tenemos un bloqueo o impresiones que nos están limitando en nuestras vidas, robándonos nuestra integridad y libertad personal. A su vez nos llevan a participar en el juego del robo de energía a los demás y a pasar nuestro veneno emocional a otros.

Poco a poco vamos a discutir estas estrategias.

Una vez que usted identifique que tiene alguna estrategia en su vida, el primer y más importante paso para liberarse de ella es la observación, luego el detener la estrategia, y por último mirar cómo se ha manifestado a lo largo de su vida.

1. El Malgeniado:

Esta es una estrategia que se usa mucho y que a veces se trae de otras vidas o se desarrolla a temprana edad, o se adopta como nueva estrategia. Volvemos al ejemplo del niño que juega con su juguete preferido; otro niño viene a quitárselo y el primero le grita con rabia y le hace mala cara. El segundo niño se va. ¿Qué pasó? Se formó una estrategia: "Si grito, dejo ver mi rabia y pongo cara de malo el problema se va". El niño repite esto varias veces y se vuelve un bloqueo o impresión que empieza a funcionar mecánicamente cada vez que se ve en una situación donde tiene que defender su espacio. Pero después, más adelante en su vida, la usará para defender ideas, puntos de vista, acciones y más.

Ya cuando es adulto, la esposa quiere que el esposo haga algo. Este se ve presionado y reacciona con rabia, empujando así el problema. Lo que pasa es que cuanto más se usa esta estrategia, más se va perdiendo el control de qué cantidad de rabia va a liberar. Si con la rabia no logra lo que quiere, ya se acerca al siguiente paso que es la violencia.

Cuando usamos la rabia para lograr lo que queremos, o si solamente gestionamos o damos a entender que si no logramos lo que queremos vamos a gritar o tomar un tono agresivo, o explotar en rabia, estamos usando una estrategia del ego. Si lo seguimos haciendo continuaremos siendo víctimas del ego y por supuesto siendo emisarios de dolor, rabia y hasta violencia hacia los demás. Estaremos perpetuando este drama en nuestra sociedad, y con él todas sus ramificaciones.

1. El introvertido:

Esta estrategia es muy usada y se aprende de pequeño. A esa edad el niño se da cuenta de que, si permanece callado y triste, llama inmediatamente la atención de su madre. Cuando se es adulto esa táctica introvertida es usada para ganar argumentos o para castigar a la persona que se ama. También para llamar la atención de la pareja, para que despierte su curiosidad de ver qué es lo que pasa. Pero estas y otras estrategias se vuelven viejas con el tiempo, y la gente se cansa de dar su energía. Luego normalmente la persona tiene más de una estrategia en el bolsillo. Recuerde, las estrategias están ahí solo para agarrar la atención de los demás. Una vez que la atención es enganchada se puede pasar el veneno emocional y robarle energía a la otra persona.

Por ejemplo: Pepito tuvo una discusión con su señora, y no pudo ganar. Tal vez algo se dijo que lo hirió. Inmediatamente (e inconscientemente) empieza la estrategia del introvertido. Pone cara de triste y lastimado y si le hablan no responde nada. Se lo ve como perdido en pensamientos y como el sufrido. Mientras que eso ocurre, en su mente planea todo lo que le va a decir a su esposa si se le da la oportunidad. Mientras más piensa, más rabia y soberbia le llenan el corazón. La esposa no aguanta más y finalmente le pregunta: "¿Qué pasa? ¡Dime lo que tienes!" Allí se abrió la puerta esperada, y en ese momento descarga sin compasión todo ese veneno a su esposa, que acaba de abrir la puerta y no está preparada para algo así. Al pasarle todo ese veneno se siente mejor. ¿Pero qué ocurre?... Su esposa empezará a usar su estrategia (la que ella mejor maneje) no solo para devolverle su veneno, sino para pasarle además el que ella va a cocinar.

2. El dolor, la tortura:

Es la estrategia del pobrecito yo. El "por favor ténganme lástima porque soy muy sufrido". Esta gente se llena de energía por el solo hecho de estar triste o enferma. Ellos juegan este papel porque no pueden expresar su rabia, sus sentimientos, o porque no consiguen sus fines o manipular situaciones. Ponen cara de sufrimiento y su actitud corporal es de: "Mírenme cómo soy de sacrificado", o "Por favor póngame atención y reconozcan cómo estoy sufriendo". En todos los casos es: "Denme su atención". Si no la tienen intensifican su papel, y si es necesario entran en una profunda depresión que puede terminar en suicidio si es necesario. Recuerden: estas estrategias son inconscientes.

Si logran llamar la atención de alguien con esta estrategia, puede ser el amigo, el amante o la madre, no va a ser para llorar su dolor, sino para apuntar dedos como si los otros fueran la causa de su dolor y así botar todo el veneno que han acumulado. Como ven, todas estas estrategias son lapsos de tiempo usados, como lo hace el pescador de anzuelo, para agarrar la atención de su presa. En vez de usar todo ese tiempo para observar el error de su propio comportamiento y dejarlo ir, lo usan para darse manija y crear más y más rabia recordando una y otra vez la situación que los hiere y pensando cómo van a hacer para descargar esa presión en otra persona.

Recuerden: aquí no estamos apuntando los dedos a nadie. Son mecanismos del ego, son automáticos. El reconocerlos nos da la oportunidad para salir de ellos.

3. Dramáticos:

Otras estrategias que se usan son las de vivir en drama o crear situaciones de drama en sus vidas. La hija que busca tener relaciones con el chico malo del barrio para llamar la atención de sus padres, y una vez lograda esta atención poder descargar su veneno emocional en ellos por todas las injusticias que ellos le han causado. El esposo que se mete en las drogas o alcohol para crear el drama de necesidad y desesperanza, para así pasar de pronto a la estrategia del dolor, la tortura. La esposa que busca tener amantes para llamar la atención de su marido que la descuida. En fin, esta estrategia de crear drama es muy usada en nuestra sociedad. Simplemente se busca la atención de los demás para alimentar el propio ego y a la vez pasar su veneno emocional a otros.

4. Los Protagonistas:

Quieren ser el centro de atención de todo el mundo. Son extremadamente competitivos y no toleran que otros les ganen en cualquier área. Tienden a ser extremadamente competitivos con los seres que aman. Si un familiar hace algo que llama la atención de los demás y el protagonista siente que perdió su puesto como centro, hará lo que sea para llamar la atención de otros y una vez más ser el centro. Tienden a ser generosos con extraños y amarrados con sus seres queridos. Es una estrategia para decir: "Mire, si no soy generoso con usted y sí con los demás, es porque usted me hizo algo. Si quiere averiguar qué, tiene que preguntar". El ego quiere la atención para descargar el veneno.

En casos extremos el protagonista no solo está satisfecho con ser exitoso, sino que los demás tienen que fallar. Muchas veces los protagonistas usan el humor para ser el centro de atención y así ganar energía. O hacen muchas preguntas para demostrar interés y así una vez más coger la atención y ganar energía.

5. El Abusador:

Este es un caso extremo, pero lamentablemente común en el que la persona roba energía a los demás a través del abuso verbal y físico. Como cuando un esposo le pega a su señora o a sus hijos, crea un miedo tal en ellos, que literalmente los viola energéticamente, robando así su energía. En los peores casos la esposa toma una actitud de no aceptación de su situación y se fuerza a creer que ama a su pareja a pesar de todo.

El ego muchas veces cambia de estrategia si una no le funciona. Por ejemplo, si la estrategia del dolor y la tortura no funcionan, el ego adoptará la de mal genio. Si la de protagonista no sirve, entonces quizás se vuelva un abusador. Todo es acerca de manipulación, y de ver cómo hace para alimentarse de la energía de los demás.

En fin, estas estrategias y muchas más se mezclan y combinan, así como el sádico busca al masoquista. Lo importante es darnos cuenta de que muchas de nuestras acciones pueden ser estrategias autómatas. Si logramos darnos cuenta de las actitudes que tomamos, estaremos dando el primer paso para liberarnos de estas estrategias egoístas y ser libres. El reconocer una estrategia y no actuarla es como empezar a borrar la programación de la mente, y comenzar a actuar con una mayor integridad y autonomía en nuestras vidas.

Muchas de las técnicas de meditación están diseñadas para borrar esas programaciones y bloqueos energéticos que sostienen estas estrategias. Muchas son borradas aun sin ser reconocidas.

Ejemplos de las cualidades que toman los bloqueos energéticos y las estrategias:

Frivolidad, chisme, presumido, orgullo, abusivo, dejado, arrogancia, cerrado, vacío, impaciencia, inseguridad, necesitado, vulnerabilidad, obsesivo, confusión, sentimientos de inferioridad, deshonestidad, falta de constancia, falta de voluntad, sin confianza en sí mismo, sin iniciativas, sin entusiasmo, etc.

Indiferencia, pereza, negligencia, timidez, insolencia, inestabilidad, frigidez, ansiedad, estrés, crueldad, culpabilidad, soledad, rudeza, egoísmo, miedo, depresión, apatía, falta de imaginación, sin inspiración, insensibilidad, desarmonía, dureza, falta de relajación, etc.

Inconsciencia, irregularidad, frustración, dependencia, falta de solidez, insípida, sin escrúpulos, mediocridad, falta de realismo, falta de perseverancia, falta de concentración, falta de disciplina, falta de balance, falta de paz, falta de abundancia, etc.

Rabia, ira, odio, venganza, celos, sentimientos de abandono, avaricia, envidia, malicia, masoquismo, sadismo, glotonería, pasión carnal, irritabilidad, destrucción, etc.

Por supuesto no hay nadie que exista en este mundo de dualidad que manifieste todos estos bloqueos y estrategias. Entonces las pocas que se manifiestan en nosotros deben ser reconocidas, si queremos empezar a crear un cambio en nuestras vidas.

Clave para la meditación:

Una vez que se empieza la meditación, debemos mantener el cuerpo totalmente quieto. Por ninguna razón hemos de moverlo hasta que la meditación termine. Así esta práctica lo llevará a profundizar mucho más en sus meditaciones. Luego toma observación y voluntad sobreponerse a las molestias, rasquiñas, dolores y otras distracciones del cuerpo; pero si se lo logra, se recogerán frutos más maduros al final de cada práctica.

Capítulo 5

SUBPERSONALIDADES, ESTRATEGIAS, AUTO-CONTRACCIÓN, EL NIÑO INTERNO, EGOÍSMO

Los traumas que distorsionan nuestras realidades indudablemente comienzan a una tierna edad en la niñez, cuando por ejemplo (algo sencillo) el niño no se siente amado y a su vez no sabe cómo expresar el amor a otra persona. Eso crea dolor, conflicto y estrategias. Si el niño no siente amor tiene que crear una estrategia para llamar la atención hacia él. Los dolores de niño no desaparecen al crecer, sino que se guardan en el interior del individuo y van a afectar su comportamiento por el resto de su vida. He allí que, en el camino hacia recuperar la totalidad de la integridad de nuestro Ser, el niño interno que todos llevamos dentro debe ser sanado.

Cuando el niño no se siente amado, es un sentimiento que se guarda durante su crecimiento hasta la edad adulta. Este sentimiento crea separación, aislamiento, sentimientos de no ser entendido, etc., lo cual lo lleva a pensar y mantener su atención en sí mismo; esa auto contracción es una de las bases del egoísmo-ego.

Lo más triste es que nuestra sociedad considera esta actitud egocéntrica como parte del crecimiento del individuo, que lo lleva a buscar "éxito" para ser reconocido como "individuo separado" y sobresalir en la sociedad, a través de fama, atención, prestigio, reconocimiento familiar, etc.

El sanar el niño interno es como ya dijimos parte importante para nuestro crecimiento espiritual, pero muchas veces antes de poder ir al núcleo de los dolores del niño, tenemos que sobrepasar muchas de las estrategias adultas que ocultan al niño interno y lo niegan.

Una vez que logramos sanar las estrategias más obvias que rigen nuestras vidas, tenemos que sanar al niño, los dolores adolescentes y del adulto joven. En sí pasamos los primeros 24 años de nuestra vida creando un caos, y luego pasamos el resto de nuestra vida tratando de recuperar nuestra integridad para volver a sentirnos completos como lo fuimos en nuestros primeros dos años de vida.

Aparte de esto debemos sanar nuestras primeras relaciones, que son las que establecimos con nuestros padres, familiares cercanos y con nuestras parejas.

Todo esto se logra de la siguiente manera:

1. Con las meditaciones y trabajos energéticos, especialmente haciendo tu **T**emplo con **D**ios y los Maestros todos los días y con la (**M**editación del **M**erkabah de **A**scensión), la meditación más alta del planeta para remover estos bloqueos energéticos, ayudar a la Naturaleza y entrar en profundos niveles de paz, armonía, amor y comunión con la presencia de Dios.

2. Darse cuenta de las estrategias y subpersonalidades que rigen su vida y "tomar acción" para pararlas.

3. Observar los sueños, que nos comunican nuestros bloqueos internos.

4. Sanaciones energéticas con un verdadero sanador, como los autorizados por la fundación, junto a la meditación y contemplación acerca de las realizaciones recibidas.

5. AutoPregunta y observación, que llevan a la Realización de la Conciencia Pura.

6. Ya en este punto el instrumento más importante y avanzado de apoyo para trascender estas estrategias es la lectura del libro "**O**raciones **I**nmaculadas a **D**ios y leyendo el Libro de **D**evociones a **D**ios cuando hacen su templo todas las mañanas. Sin duda alguna es una herramienta

supremamente hermosa para dar grandes saltos en el desmantelamiento del ego.

7. Fe en Dios.

Es más, muchos han llegado a la liberación en perfecta paz y felicidad siguiendo un solo punto de estos. Dicen que el Buda dejó 84.000 enseñanzas para iluminarse, luego estos puntos no son nada, pero abarcan todos los niveles posibles de Iluminación.

Volviendo al tema, estos comportamientos robóticos que no examinamos, nuestras personalidades condicionadas que aceptamos, nuestros continuos deseos a todo nivel, las tendencias hacia ciclos viciosos que rigen nuestras vidas, etc., son el reto inmediato que debemos afrontar para crear cambios y salir del estado de estancamiento en el que muchos nos encontramos.

Nuestra personalidad condicionada es una manifestación de todas las ideas, pensamientos, reacciones emocionales, creencias y hasta actitudes físicas. Cuando creemos que somos todo esto, nuestro Ser Real o Alma no se puede percibir, y aún más, no vemos razón alguna para retar a esta personalidad que llamamos "yo", el cual es un falso "yo", es ilusorio, no como el verdadero "Yo" que es divino y eterno.

El primer paso para la liberación es "dejar de identificarse con la mente", y de esa manera darse cuenta de que usted está más allá de las limitantes mentales. Esto le otorga la libertad de poder cambiar el contenido de la mente a voluntad. Mientras usted siga pensando que es la mente (personalidad, ideas, condicionamientos, creencias, hábitos, estrategias, etc.) nunca podrá salir de ese ciclo vicioso. Él será su "Matrix", como está descrito en la famosa película que lleva ese título; usted será prisionero de su mente, la cual levanta todas estas murallas invisibles pero eficaces que limitan su existencia.

A medida que la falsa personalidad se empieza a desintegrar, la verdadera luz del Ser empieza a brillar. No es que el ser/alma no se pueda realizar antes de que esa falsa personalidad se destruya, pero, aunque la realización es directa y profunda, durante la vida cotidiana sigue siendo opacada en momentos por esa falsa personalidad, de lo que se deduce que la Realización de la Conciencia Pura no lo es todo. Aunque, por supuesto, si se la logra es una sólida roca desde donde podemos empezar a desintegrar las mentiras mucho más rápido si sabemos cómo hacerlo.

Cuando vivimos como el alma pura todo en esta vida es armonía, amor, felicidad; pero cuando vivimos como la personalidad todo sube y baja de tristeza a felicidad, de depresión a euforia, de rabia a paz, de odio a amor, lo cual es literalmente vivir en un infierno donde la felicidad es arrebatada por el tirano de la falsa personalidad.

Por lo tanto, este camino es para guerreros. Es más, en todas las tradiciones de la Tierra como la Tolteca, Huna, Inca y otras, sus integrantes se llaman a sí mismos "guerreros" pues van por este camino espiritual. Porque si uno se rinde ante la falsa personalidad, la batalla está perdida. Hay que ser como Hércules, que superó todas sus pruebas (enfrentando las estrategias del ego). Hay que limpiar los bloqueos (como cuando Hércules desvió el río para limpiar los establos llenos de putrefacción por siglos=Karma de muchas vidas). (Río=Kundalini limpiando). (Las energías son aspectos del Shakti=Kundalini).

Ejercicio:

Esto es parte de un ejercicio de la tradición Tolteca que se llama recapitulación. Aunque los Toltecas lo practican en sitios pequeños, oscuros y cerrados, usando ciertos movimientos del cuello para soltar imágenes impresas en las memorias que causan dolor, nosotros vamos a tomar un acercamiento más simple.

Antes de dormir vamos a recordar ciertas memorias de la niñez en referencia a nuestros padres o aquellos que nos criaron.

Siéntese, relájese e imagínese que sus padres están allí y que usted es niño. Trate de recordar los siguientes puntos:

1. ¿Cuál era la visión de la vida que tenían sus padres? (religiosa, política. moral, sexual, etc.).
2. ¿Por qué cosas sus padres lo premiaban a usted cuando niño? (Es decir, en el proceso de domesticación, qué cosas eran recompensadas cuando usted hacía lo que ellos querían).
3. Al contrario, ¿por qué cosas era castigado, reprochado, herido verbalmente, etc.?
4. ¿Cómo respondía usted al punto dos y tres respectivamente?

Recuerde, estos actos corresponden al proceso de domesticación (un término que usan los Toltecas) para ser admitido como miembro de la sociedad. En sí su personalidad estaba siendo "programada" a nivel psicológico, emocional y hasta físico. La transformación y sanación de estos condicionamientos son la clave para encontrar más profundos niveles de libertad. El resultado de esta programación son los hábitos que rigen nuestras vidas en gran parte; luego, no por fuerza de hábito debemos seguir esclavos.

Ahora mire los mismos puntos mencionados anteriormente, pero con ojos de adulto y observe aquello que aprendió de niño. Con el conocimiento que ya adquirió hasta ahora, mire qué cambios puede hacer en patrones que reconozca de su niñez.

Una vez terminado el ejercicio acuéstese a dormir, relájese y listo.

Consejo:

La sanación energética muchas veces puede mover bloqueos energéticos y emocionales en un lapso de una a tres sesiones, movimiento que meditando puede tomar meses y en algunos casos varios años.

La posibilidad de tener una sesión de sanación energética o Chamánica con uno de nuestros sanadores certificados, como los que tenemos en la fundación, es una manera de acelerar rápidamente su proceso de purificación.

Capítulo 6

PURIFICACIÓN DEL SISTEMA ENERGÉTICO

Sin duda alguna la forma más alta y rápida de purificar el sistema energético es recibiendo sanación del Maestro Jesús y la Maestra Galitica Maitreya. En una sesión se avanza lo que a un individuo solo le tomarían años de trabajo.

Cuando la energía de vida, o como la llaman en el Oriente, el Chi o Ki, puede fluir libremente a través de los meridianos, nadis y chakras de la persona, el resultado es un excelente estado de salud; pero si al contrario estos canales están bloqueados, enfermedad y dolor son las consecuencias. Espiritualmente, los bloqueos en el sistema energético llevan a estados emocionales incontrolables y a estados mentales que reflejan el contenido del bloqueo; por ejemplo: la soberbia es un bloqueo en el chakra del corazón y una degradación del elemento de fuego en nosotros. A su vez, nos es imposible percibir continuamente el estado de unidad cuando nuestra percepción se topa con todos estos bloqueos que contaminan nuestra conciencia.

La limpieza de los meridanos es una ciencia que la medicina china ha usado desde hace milenios para corregir los desbalances físicos. Ellos creen que al liberar los bloqueos cualquier enfermedad puede ser sanada. Físicamente los bloqueos energéticos también pueden ser causados por contaminantes químicos que recibimos al ingerir nuestras comidas o con el aire que respiramos, los cuales pueden ser causantes de enfermedades crónicas.

Cuando un bloqueo energético está presente en el cuerpo humano, esa área se afecta al detener el libre fluido de energía natural. Para graficar esto puede imaginar la analogía de un tumor presionando una vena, disminuyendo el fluido de sangre. En general los tumores son formados por impresiones pesadas en el cuerpo emocional que se filtran hacia abajo, al cuerpo etérico, bloqueando así los meridianos que conectan el flujo de la energía entre los órganos internos y los chakras.

Los bloqueos energéticos afectan el metabolismo, afectando así la energía general del cuerpo. Cuanto menos flujo de energía, menor es la capacidad natural del cuerpo para remover por sí solo los bloqueos energéticos. Cuando la energía baja demasiado en cierto punto, los órganos no funcionan bien en esa área creando así una condición crónica.

Una vez que los bloqueos son removidos, ya sea por medio de una sanación Divina dada por la Maestra Galitica Maitreya bajo la dirección del Maestro Jesús; También ayuda la meditación energética como del **Merkabah de Ascensión**, que con el tiempo abre los canales y se purifican, y la energía natural del cuerpo fluye y se produce la sanación. Cuando esto no se hace a tiempo es más difícil de corregir, pero no imposible. Hay que recurrir a la medicina alópata, la cual obliga por medio de químicos a mover esos bloqueos (aunque los médicos en general no lo ven de esta manera); estos químicos generalmente causan efectos secundarios en otras partes del sistema energético. Por supuesto no estoy negando el servicio de los médicos, los cuales deben ser siempre consultados en cualquier situación de salud, sino que quiero hacer énfasis en la curación preventiva, la cual se logra manteniendo el sistema de meridanos limpio.

Otros sistemas de apoyo para abrir y limpiar los meridianos son la homeopatía, las esencias florales, el deporte, el Yoga, una correcta nutrición, el ayuno, etc.

Como se dijo al principio del curso, los bloqueos energéticos más grandes se encuentran en los primeros tres chakras. Físicamente esa región corresponde al intestino grueso y el recto. En el recto se acumulan con los años muchas sustancias tóxicas debido a una inadecuada alimentación y a la debilidad de movimiento intestinal con los años. No quiero ir de lleno a explicar qué tan negativas son todas estas substancias que se fermentan allí con el tiempo, pero sí diré que toda esa materia sirve para sostener energéticamente pesados bloqueos energéticos en esa zona, como ya mencionamos. Luego, como parte de nuestra práctica espiritual, debemos ser conscientes de hacernos una limpieza de colon por lo menos una vez al año.

Existen ya consultorios de salud alrededor del mundo con maquinaria especializada para succionar las impurezas del colon, pero para aquellos que no tienen la capacidad de hacer esto, les voy a sugerir unas prácticas que pueden hacer en casa (consulte a su médico antes de hacer cualquier clase de limpieza).

Limpieza del colon:

1. La más sencilla es ir a su tienda naturista y comprar un tratamiento a base de diferentes hierbas con alta fibra, y tomárselo por un mes.

2. Otra práctica sencilla es hacerse un enema. Si quiere puede hacer un enema con café en agua (no usar café instantáneo). El café ayuda a despegar de las paredes del colon muchas sustancias que el agua sola no puede. Termine haciéndose un enema con solo agua.

3. Otra limpieza más drástica consiste en hacer un ayuno de jugos por un par de días (el jugo de manzana es muy bueno para esta práctica). El día que empiece el ayuno, deje un galón de agua con bastante cilantro y repóselo dos noches. Al tercer día filtre el cilantro y sirva un vaso de 8 onzas de agua. Agréguele sal Epsom al agua hasta que quede salada al nivel de lo que sería el agua de mar. Si nunca ha probado agua de mar entonces asegúrese de que quede bien salada el agua. Tómese en la mañana del tercer día ese vaso de agua. Descanse unos minutos y tómese otro. Siga tomando agua hasta que sea capaz. No se esfuerce ni se presione. Si le dan náuseas es señal de que es suficiente, pero no vomite porque se pierde todo el proceso. Relájese y tenga el baño

cerca porque la limpieza empieza cuando menos lo espere. Si el olor de la defecación es horrible, es señal de que está botando la materia vieja y descompuesta que estaba en el colon. En la tarde, cuando ya haya pasado todo, tome Kumis o cualquier otro lácteo que promueva el crecimiento de la flora intestinal.

Brevemente, lo que pasa es que los riñones no son capaces de procesar tanta sal y la dejan ir al intestino, donde la sal como un detergente barre con todo lo que hay en las paredes del colon. Tome por unos días té de boldo, eso le ayudará a sanar las paredes intestinales.

4. Otra cosa que debemos hacer es enseñar al cuerpo a que tenga un buen movimiento de evacuación, el cual se pierde con los años. Se trata de volver a entrenar los músculos para que se muevan correctamente, sin usar medicinas o hierbas. Para lograr eso debemos aprender a empujar con mayor fuerza cuando evacuamos materia fecal, y esto se hace sencillamente al defecar en cuclillas mientras presiona con sus pulgares unos 10 a 12 centímetros arriba de la ingle. Empuje y suelte. Claro que defecar en cuclillas no es para todo el mundo, y menos en nuestra moderna sociedad y nuestros baños; lo que se puede hacer es poner una caja o pequeña butaca enfrente del inodoro, luego al sentarse se ponen los pies sobre la caja elevando las rodillas y quedando como en posición de cuclillas.

Ejercicio:

- En las siguientes semanas empiece a observar más sus comportamientos repetitivos y anótelos. Por ejemplo: la tendencia de llegar y prender el televisor, etc.
- También observe las cosas que se imagina más en sus fantasías, ejemplo: fantasías sexuales, fantasías de ser un héroe y destruir seres malignos, fantasías de abochornar y humillar a una compañera de trabajo, etc. Esto le dará una

idea clara de sus fascinaciones actuales, a las cuales debe dejar ir.

- Por último, ponga atención a su cuerpo. Ejemplo: si tiene la costumbre de agarrarse el pelo y enroscárselo en el dedo cuando habla, o de ponerse la mano en la boca cuando habla con una figura autoritaria, o si tiende a ignorar cuando le duele algo, o si con los años ha adoptado una incorrecta postura, etc.

  Corrija aquello que realice que lo está limitando en estas áreas.

Capítulo 7

BLOQUEOS EN EL CUERPO Y AURA

Ya sabemos que los bloqueos energéticos están en el aura y los cuerpos de luz. Muchos de estos bloqueos son implantados también por fuerzas del mal por medio de brujerías, rituales o simplemente fuerzas demoníacas que quieren atacar al individuo. Ese es otro tipo de bloqueo del que poco se habla y que sucede a diario, pero que con las técnicas ya dadas en capítulos anteriores se pueden liberar.

Tenemos al niño interno que hace de las suyas a través de las subpersonalidades. Ya hablamos bastante de las estrategias usadas por las subpersonalidades. Para culminar esta fase de las lecciones, vamos a hablar un poco de los mecanismos de defensa que se usan cuando una subpersonalidad es enfrentada, lo cual nos dará un poco más de luz para identificar qué es lo que está pasando si observamos con atención nuestras acciones.

Recuerde, el guerrero tiene que ser como una pantera que está cazando. Lo que usted intenta cazar son sus estrategias y sub personalidades, así que como una pantera debe darse cuenta de cada paso, cada movimiento, cada cambio de viento, cada sonido y olor al cazar. Es decir, debe estar siempre alerta y observándose a usted mismo si quiere ser exitoso al cazar estas estrategias.

Mecanismos de defensa:

1. Ansiedad.

Esta es una señal de que hay una estrategia puesta en juego, especialmente cuando estamos esperando lograr algo y hemos usado una estrategia para lograrlo.

2. Negación.

Es típico el negar inmediatamente que se esté usando una estrategia. La negación es el instrumento más poderoso que el ego tiene para evitar confrontar nuestras estrategias. Si una estrategia se dispara y la detectamos, ya sea porque alguien nos la deja ver o nosotros mismos, y nos vemos diciendo "No, yo soy así", o "Yo no hago eso", entonces esta es una alarma. En vez de continuar con la defensa de negación hay que parar y observar, y darse cuenta de que tal vez sí en realidad se está negando una estrategia que está limitando nuestra vida.

3. Aceptación.

Es el caso contrario, y consiste en decir: "Sí, yo sé, pero qué hago si soy así", o "Así es como yo pienso". La aceptación es tan poderosa como la negación, ya que al aceptar una condición se pierde totalmente la posibilidad de confrontar la estrategia/subpersonalidad y trascenderla.

4. Racionalización.

Al ser confrontados con una estrategia, inmediatamente tratamos de racionalizar lo que hicimos, y de convencernos a nosotros mismos y a los demás de que nuestra acción es totalmente correcta, basados en puntos racionales que apoyan la estrategia o el comportamiento inmaduro del niño interno.

5. Violencia.

Es la manera más rápida que tiene el ignorante para evitar confrontar sus estrategias. Nada más efectivo que soltar una pataleta de malcriados para quitar la atención de la estrategia y proteger la subpersonalidad. Observe esto muy claro, es una defensa muy fácil de utilizar, pero muy difícil de superar.

6. Actuación.

Cuando una estrategia es confrontada, dejamos que otra subpersonalidad inmediatamente tome cargo para opacar lo que acaba de suceder.

7. Sarcasmo.

Es el feo hermano de la violencia, por medio del cual tratamos de denigrar a aquel que nos ha hecho ver nuestra estrategia. De esa manera, si logramos quitarle el valor intelectual a la situación y lastimar emocionalmente a la otra persona, en nuestra mente pensaremos que tenemos razón y que no hay punto válido. Es la salida del cobarde.

8. Humor.

Una forma mucho más refinada del sarcasmo, pero con el mismo propósito de desviar la atención sobre aquello que ha pasado, perdiendo así la oportunidad de observar de verdad aquello que sucedió y poder cambiar nuestras vidas. Bueno… estos mecanismos de defensa y otros más pueden ser identificados una vez que somos conscientes de que están allí. Con esto termina la segunda parte del libro, este curso básico de transformación personal. Una vez más, todo esto puede empezar a balancearse más rápido a través de la práctica de la lectura del libro "**O**raciones **I**nmaculadas a **D**ios y sobre todo haciendo su **T**emplo con **D**ios y los **M**aestros todos los días.

Práctica final: Consígase un cuaderno, preferiblemente de portada color púrpura o violeta. En él vaya escribiendo todas las cosas que salgan de su mente y corazón, como confusiones, dolores, memorias limitantes, rencores, miedos, estrategias que alguna vez usó y cómo lastimó a otros, etc. Esto se llama un cuaderno de descarga, es privado y nunca nadie debe verlo. Allí dejará caer todo el estrés de su corazón hasta que se sienta mejor. Después de que acabe, colóquele una vela blanca encima hasta que se consuma, para que todas las energías negativas que descargó en él no se queden atrapadas y vuelvan a usted la siguiente vez que coja su cuaderno. Hay personas que llenan un cuaderno y sienten que no necesitan más, mientras que otras lo hacen por meses o años. Cada vez que termine un cuaderno rómpalo y bótelo.

TEMAS ACERCA DEL EGO ENTREGADOS EN SEMINARIOS.

Vamos a complementar este libro con charlas y temas entregados por Dios, el Maestros Jesús, el Maestros San Germain, la Maestra Galitica Maitreya y el Maestro Cyndarion Ainiu. Temas en seminarios no son entregados al público en general ya que tienen enseñanzas avanzadas o temas que el individuo, normalmente, no tiene la mente abierta y el corazón listo a escuchar y recibir si no son estudiantes. Sin embargo, con el propósito de dar lo mejor a quien tiene la verdadera intención de desmantelar su ego para conocer su Ser interno, alcanzar la Iluminación y descubrir la realidad de Dios, compartimos estos momentos de seminarios.

Ten tu mente abierta y tu corazón preparado a recibir y entender el último propósito de este libro, el cuál es poder tener una Relación más alta y pura con Dios.

Capítulo 8

EGO

Temas del Seminario "Viviendo en Comunión con Dios"

Qué es el ego.

El ego es nuestro enemigo más grande, el que se encuentra en la mente y que nos lleva a buscar caminos y a buscar posibilidades que son falsas porque el ego siempre escoge incorrectamente, siempre está buscando algo en lo que él vea que va a crecer, que va a trascender, o alcanzar cosas más grandes.

Si alguien va a un seminario y les dicen: "Usted con esto va a conseguir grandes niveles de energía y su cuerpo se va a purificar, y va a tener este tipo de experiencias; el ego va a decir: "¡¡wow!! Eso es lo que yo quiero, yo quiero lograr todas esas cosas". Porque el ego siempre está buscando poder, está buscando trascendencia y está buscando maestría no solamente sobre él, sino sobre los demás. Cuando uno sigue el corazón, cuando se aprende a escuchar el corazón se encuentra en humildad y se puede escoger caminos correctos porque no se está buscando la alimentación del ego, sino que se está buscando la alimentación del alma. Entonces hay que aprender a separar qué cosas son del ego y qué cosas vienen del corazón porque uno se puede confundir y pensar que las cosas que uno desea y quiere son las cosas del corazón, y no es así, son cosas del ego y para hacer eso tenemos que aprender a descubrir cómo funciona el ego, cuáles son las estrategias del ego.

El ego se encuentra en todas las personas y todos los niveles.

Puede ser un Gurú espiritual sentado al frente creyéndose Dios, creyéndose que está bendiciendo a todos y que todos lo tienen que amar a él, y eso es un ego al exponencial alimentándose de todos los que lo siguen haciéndoles creer que lo necesitan, para recibir la atención que necesita y alimentar su ego.

Puede ser un presidente o un líder político, o social, o un profesor en cualquier posición que se encuentre en poder. Si la persona se deja llevar por el ego, simplemente lo único que está haciendo es buscar atención de los demás y llega un punto en que su foco se crece y se siente satisfecho de que es alguien importante, por lo menos en la mente, y que es reconocido por los demás, por lo menos en su mente. Pero el ego es falso, no existe, simplemente es una aglomeración de pensamientos y de conceptos en la mente que nos hace creer que hay un "yo" dentro de nosotros que es real y eso es mentira. No existe ese "yo", es un yo falso.

Entonces ¿Qué pasa?...

Mientras ese ego existe en nuestras mentes y controle nuestras decisiones, nunca vamos a poder vivir una vida espiritual real porque todas nuestras acciones van a estar basadas en alimentar ese ego.

¿Qué es lo que quiere el ego?

El ego lo que quiere es subsistir. Cuando Buda se iluminó, en el último momento se le apreció su propio ego, y el ego le dijo: "¿cómo me vas a destruir si yo soy el arquitecto de tu vida, yo soy el creador de toda tu vida, yo soy el que creó y sostengo tus experiencias? todo lo que viviste, todo lo que tú eres, ese soy yo ¿cómo me vas a destruir?" En ese momento el Buda tocó la tierra y dijo: "pues sí, tú arquitecto de la mente, declaro ante la Madre Tierra que eres falso y no tienes poder sobre mí"; y en ese momento el ego desapareció y Buda se Iluminó.

¿Por qué? Porque al no haber ego se entra en inocencia y en esos estados de inocencia todo se percibe, todo se activa desde el corazón, se empieza a vivir una vida más plena y auténtica, porque uno puede ser auténtico tal como uno es, y uno puede empezar a ser como su Ser es, no como su mente es, porque todos ustedes tienen sus personalidades y maneras de ser y no tienen nada que ver con su Ser. No vayan a creer que sus Seres son iguales a sus egos que les gusta lo mismo, piensan igual o actúan igual ¡No!...

Sus egos son diferentes a sus Seres, sus Seres pueden tener diferentes gustos, tú puedes estar pegado a la computadora todo el día y tu Ser Real puede estar: "¡Uy! Ojalá me llevara a la naturaleza, al campo, a los lagos, eso es lo que yo quiero, eso es lo que me alimentaría". Pero no, el ego quiere es el juego, la computadora, el cine, la discoteca. Y eso es lo que desea el ego porque es lo que lo alimenta. Entonces no vayan a creer que lo que el ego quiere es lo que su Ser quiere.

Hay que descubrir qué es lo que quiere el Ser, porque si lo sabemos entonces le estamos dando más energía al Ser y menos poder al ego. ¿Entonces qué pasa cuando cada uno de ustedes sabe qué clase de Ser es y qué tipo de cosas le gustan a sus Seres? Comienzan a tratar de darle gusto al Ser y menos gusto al ego y se inicia un cambio en sus vidas.

Por ejemplo, si tú sabes que eres un Gnomo, que es un Ser de la tierra, un Ser que está en la naturaleza que trabaja con las energías de las flores, de los árboles, de los pastos, de los ríos y está totalmente en armonía en esas vibraciones, y le gusta estar en ese tipo de armonía, sería bueno que, aunque nunca haya hecho campin, que aunque nunca haya ido a sentarse al lado de una cascada, que de pronto empiece a experimentar lo que es ir a un lugar de la naturaleza y sentarse en el pasto, tirarse ahí, relajarse y simplemente vivenciar ese tipo de experiencia. Y van a ver como internamente hay una felicidad, una satisfacción. Algunos de ustedes ya han logrado tener más contacto con su Ser, y están haciendo ciertas cosas que a su Ser le gusta, entonces hay que concentrarse más con esas actividades que están similares y alineadas con su Ser porque le estamos dando más fuerza a nuestro Ser y menos fuerza al ego, luego todo tiene una conexión.

El ego, como les decíamos, lo único que busca es atención y tiene muchas estrategias, por ejemplo, la del tratamiento del silencio que es algo muy común ¿cierto? Hacerle el tratamiento del silencio a alguien cuando uno no logra las cosas, o cuando uno quiere lograr algo y hacer que la persona cambie de idea, y aceptar el tratamiento del silencio eso es una estrategia de ego…

¿Qué sería lo correcto? Hablar desde el corazón: "Mira cuando me dijiste esto yo me sentí así, y al sentirme de esta manera siento que me estás manipulando, no me siento feliz y necesito que esta situación cambie de esta manera...

Pero ¿qué pasa? La gente no escucha el corazón, la gente es cobarde, la gente prefiere manipular su realidad a las malas con estrategias para logar lo que quiere: ¿Entonces ahh? ¿No quiere hacer esto?... Silencio… No le hablo una hora, dos, tres, un día, una semana. No sé qué tan grande sea el ego y es en serio, le apuesto que hay gente que no le habla una semana a la pareja ¿por qué? porque está tratando de lograr algo, tratando de conseguir algo que se pudo solucionar en dos minutos abriendo su corazón y decir lo que se siente. Pero no, el ego tiene que lograr las cosas sin abrir su corazón y expresar su verdad porque eso es rebajarse. En ese momento en que uno abre su corazón, uno tiene que tener humildad, tiene que estar vulnerable y estar expuesto a recibir lo que se venga encima porque uno no sabe cómo va a responder el otro ego, entonces hay miedo, entonces es preferible cerrar el corazón y usar el ego y sus estrategias para logar las cosas que abrir su corazón y solucionar la situación en un segundo.

Si las personas pudieran hablar desde el corazón y ser auténticas, en este mundo se acabarían millones de problemas en las familias, en los trabajos, en nuestra comunicación social, en nuestra cultura porque habría claridad.

En este mundo no hay claridad, nadie sabe la verdad, todo es manipulación, los políticos manipulan a la sociedad con mentiras, los esposos a las esposas las manipulan con mentiras, con estrategias, con acciones, con miedos y viceversa. Un esposo golpea a su esposa porque no hace lo que quiere, eso es el ego, está torturando a esa persona inculcándole miedo hacia ese ego para que haga lo que quiera, eso es una forma clara y exponencial de lo que es un ego totalmente perdido.

P. ¿El orgullo es parte del ego?

R. Por supuesto que es parte del ego que es de lo que estamos hablando: una persona orgullosa no va a abrir el corazón, el orgullo hace que uno busque la manera estratégica del ego de lograr lo que quiere: "¡Ahh! ¿No Hizo esto? Espérese y verá el chisme que le voy a armar", y crea un chisme para que la otra persona se desbalancee todo, y después se ríe de todo el dolor que le causó. "¿Sí vé?" Por no hacer lo que quise mire lo que le hice". O tratar de romper una relación: "mire, le voy a decir esta cosa a esta persona para que se le dañe la relación" ¿Por qué? El ego cuando no logra lo que quiere busca los métodos que sean.

El orgullo fue lo que hizo caer a Lucifer, él no fue capaz de abrir su corazón y decir: "Sí Dios tienes razón, no fui capaz" él creía que tenía razón, creía que estaba en lo correcto y estaba seguro, estaba tan seguro que Dios estaba de acuerdo con él, que cuando vio que no era así no lo pudo aceptar, su orgullo no lo dejó y ese fue el primer momento en que se creó su separación de su Ser y empezó a alejarse de Dios. Y obviamente el orgullo es parte del ego, la vanidad es parte del ego, la rabia es parte del ego, el odio es parte del ego, todos esos egregores son parte del ego, son los que alimentan el ego, el ego es el punto focal, el "yo" falso que utiliza todo eso para seguir existiendo como "yo aquí en la mente", ¡yo estoy rigiendo la mente!

Mientras sigamos teniendo ese ego fortalecido no vamos a poder crecer en nuestras vidas, ni espiritualmente, ni emocionalmente, ni mentalmente, ni poder tener relaciones positivas en nuestras vidas, porque mientras sigamos manejando nuestras vidas desde el ego, no vamos a crecer y mucho menos aceptar a Dios de verdad porque Dios solo se puede aceptar con el corazón, no se puede aceptar con el ego.

Todos los egos más grandes ¿Qué buscan?...

Meditar, ir a cosas espirituales que los trasciendan para que digan que todos somos Maestros Ascendidos, todos Somos Seres divinos, todos somos Dios. Eso es lo que buscan los egos, obviamente y felices… ¡Ahh! Todos somos Dios, todos somos en realidad en otra dimensión Maestros Ascendidos, todos nuestros seres superiores lo saben todo. Eso es alimento para el ego, entonces están felices porque en algún punto su ego está pensando ¡wow! Soy grandioso.

Pero una persona que tiene humildad y abre su corazón va a sentir que existe un Ser Supremo, tengo que rendirme a Dios, yo solo soy un Ser en evolución, un Ser que está creciendo que estoy evolucionando en esta vida y muchas vidas, y que Dios me ha dado la posibilidad de evolucionar sin límites, porque ese es el regalo de Dios.

¿Ustedes creen que tienen un límite para evolucionar su Ser? ¡No!

¿Ustedes creen que van a terminar de evolucionar en mil años, en un millón, en diez millones? ¡No!

Infinitamente Dios los va a dejar que evolucionen y crezcan más y más, y que aprendan más secretos de la creación, ¡No hay límites! Pero para poder tener esa evolución y crecimiento tenemos primero que aceptar al Ser Supremo que lo creó todo, al único que es Perfecto, nadie más es perfecto. El hecho que Dios nos creó no quiere decir que somos perfectos, él nos creó en su perfección como niños. Cuando nace un niño, él no sabe hablar, caminar, no tiene conocimiento para qué sirven las plantas, no sabe que para qué son esas medicinas, no sabe por qué las estrellas, el niño es inocente. Cuando Dios creó todos los seres, él no nos creó sabiendo todo, Dios no creó Dioses, aunque los egos creerían que sí... ¡Ay sí! Dios nos creó Divinos y Perfectos. Palabras de un ego.

Dios creó seres a su imagen y semejanza y les dijo: miren esa es la creación, crezcan y evolucionen sin límites…

¿No saben cómo evolucionar? Aquí estoy yo Dios, ¿tienes una pregunta? Vengan a mí, ¿tiene alguna dificultad? Yo les digo vengan a Mí, miren yo les digo este es el camino correcto, pero ustedes tienen que escoger ¿quieren esto? o ¿quieren lo que desean?...

¡Porque también hay involución sin límites!

También se pueden ir al otro lado, también pueden darle la espalda a Dios a tal punto como lo hizo Lucifer, que creó una realidad donde Dios no se manifiesta, es una realidad sin Dios, es un vacío absoluto donde no hay nada, no está Dios, no está nada, pero existen ellos ahí. Y de la manera que pueden existir es viniendo a este mundo donde están todos estos seres y les roban la luz porque como en esa existencia no está Dios, tienen que venir a este mundo a robar la luz para ellos existir porque en la existencia donde está Lucifer, Dios no está. Lucifer creó una existencia que se ha llamado infierno, tenía la capacidad de crear una existencia y es un vacío, no hay nada ahí y muchas de las técnicas de meditación que enseñan hoy en día es llegar a ese vacío, a la nada y todo es el vacío, no hay nada que los sostenga…

Y sobre ese vacío satán construyó una realidad nueva infernal donde seres que no están con Dios existen, unos en sufrimiento, otros torturando, pero todos en una decadente existencia que no es parte de la creación de Dios. Ese es el sitio del demonio y la gente cree que eso es lo más alto, que el vacío es lo más alto. ¡Ese es el demonio! ¡Esa es la red del demonio! Cuando uno está con Dios todo es amor, inteligencia divina, felicidad, está DIOS, está lleno de todo todas las virtudes y todas las bellezas…

¡! Sí…¡! Muchos promueven eso diciendo que el Vacío es lo más alto, muchas filosofías lo promueven y no es lo más alto y ahí no está Dios. Dios es un Ser Real de luz de vibración y energía, donde está Dios hay luz vibración y energía, y donde no está Dios no hay nada ni luz ni vibración ni energía. Es importante ver las posibilidades como qué tan alto se puede llegar como ser un Maestro Ascendido, o qué tan bajo se puede llegar como lo que hizo el demonio de crear esa realidad sin Dios. Y está en cada uno de ustedes escoger…

¿Cuál es la realidad que quieren?

Quieren evolucionar en sus Seres eventualmente para llegar a ser un Maestro Ascendido, o prefieren no evolucionar y seguir siendo el mismo Ser que son y estar al mismo nivel. Pueden escogerlo, estar al mismo nivel no buscando a Dios, pero tampoco al demonio, ser neutrales y no crecer también pueden escogerlo porque uno tiene libre albedrío. O pueden escoger al demonio porque él hace promesas de poder, de riqueza, de fama, de control, de dominio, de reinos, de todo, y escoger al demonio con todas sus promesas y perderse, ya que normalmente todas esas promesas son falsas, obviamente el único que quiere beneficiarse es el demonio, a él no le importa los demás.

¿Qué debemos hacer para dominar el ego?

El ego no puede dominarse a sí mismo ¿cómo el ego puede dominar el ego? Lo único que podemos hacer para darnos cuenta cómo estamos actuando y qué estrategias estamos usando en nuestro ego…

-Porque mientras esté el ego ustedes van a creer que son el ego… la primera vez que uno separa la idea que uno no es el ego es cuando se tiene la Realización, que es cuando uno realiza que es el Ser que está detrás de la mente y cuerpo y no es el ego, pero sin embargo el ego sigue existiendo, después de la Realización el ego sigue ahí con sus estrategias, el hecho que uno haya realizado y se haya dado cuenta de la realidad no quiere decir que el ego desapareció, el ego sigue ahí, entonces mientras hay ego siempre hay una falsa identificación-

Y lo único que podemos hacer para solucionar esta situación es, Antes que todo reconocer lo siguiente:

Primero: Lograr la Realización de la Conciencia Pura, algo en que nosotros, Galitica y Cyndarion, los podemos ayudar.

Segundo: Los que no han Realizado aún, empezar a aceptar qué tipo de Ser son para comenzar a romper esa asociación con su ego.

Tercero: Empezar a reconocer todas las estrategias del ego de las que estábamos hablando ¿Cómo funciona el ego? ¿Cómo manipula el ego? ¿Cómo actúa el ego? Y empezar a actuar desde nuestros corazones para comenzar a proceder como seres de luz.

¿Cómo actúan los demonios?

Desde el ego, todo lo que hacen es ego, y el ego solo hace sufrir a los otros y a uno mismo y se alimenta de sus propios sufrimientos. Hay gente que es masoquista y eso es una estrategia del ego, y el que se causa dolor a sí mismo para alimentarse a sí mismo y darse auto importancia y validación, entonces son muchas las cosas que el ego tiene para existir y tener dominio sobre nosotros.

Entonces tenemos que aprender cómo funciona, no podemos ser ciegos y debemos reconocer todas esas acciones y estrategias para poder decir: un momento ¿estoy haciendo esta estrategia? ¿Soy un ser del demonio o soy un Ser de Luz? Si soy un Ser de Luz no debo manipular a la gente de esta manera, se acabó el tratamiento del silencio, la estrategia del malgenio, la estrategia del pobrecito yo ¡se acabó ya! Eso no lo voy a usar porque eso lo usan los seres caídos y un Ser de Luz no usa eso.

¿Qué hace un Ser de Luz?

Abre su corazón que es difícil, va y habla que es difícil y se expresa: mira, no me gustó esto, está pasando esto en mí, cuando hiciste esto en mí me causó esto. La otra persona le va a decir: esa no fue mi intención que pena que se malinterpretó, y se soluciona y se actúa como un Ser creado por Dios, como un Ser de Luz y eso es lo que hay que empezar a hacer, hay que ser valientes entre esposos y esposas, hijos y padres, entre amigos… Ser valientes y abrir el corazón y decir: mira esto es lo que está pasando.

Pero si usamos estrategias y peleamos, nos ignoramos, nos tratamos mal, hablamos mal del otro; y si hacemos esas cosas estamos actuando como demonios, así seamos Seres de Luz estamos siguiendo al demonio que es el ego. No podemos seguir actuando como demonios porque somos Seres de Luz, tenemos que actuar acorde y debemos permitir ser vulnerables y abrir el corazón y decir: mira, esto es lo que está pasando en mí, ¿Qué pasó en ti? ¿Por qué hiciste eso? sin darle el poder y la atención a la otra persona, simplemente hablando de lo que uno siente en su corazón. ¿Porque cuando se usa una estrategia del ego como darle el tratamiento del silencio a la otra persona, ¿qué es lo que el ego espera? Espera que la otra persona diga perdóname no sé qué pasó, no seas de mal genio, no me ignores más… Y entonces ahí mismo la persona que utilizó la estrategia egoica empieza a alimentar su ego y a sentirse bien: ¡!Ahh Logré lo que quería¡! y se siente bien, y la otra persona cayó redonda en su trampa. Como seres de luz no podemos dejar que otros nos traten así y caer en ese juego, no pueden dejar que los otros los manipulen con sus estrategias egoicas.

¿Cómo uno no se deja manipular?

Abre uno su corazón y dice: mira esto que me estás diciendo me está haciendo sentir así o asá, pero no darle su energía, simplemente hablando la realidad que está pasando en uno y expresarle la verdad a la otra persona: esto es lo que me está pasando y me sentí así, y dejas de hacer eso o me voy y termina esto porque no entiendo este tipo de comportamiento, yo no estoy dispuesto a soportar este tipo de situación, yo lo que quiero es hablar y dialogar exactamente qué es lo que está pasando en ti. Sin manipular, sin pelear, sin gritos, sin amenazar, sin controlar, sino simplemente expresando nuestro corazón. Porque el ego adora controlar, es un controlador absoluto, trata de manipular eventos y circunstancias y todo para tener dominio sobre su ambiente, sobre los demás y sobre su vida… entonces el ego es su controlador.

¿Qué le da miedo a ego?

Perder el control. Si no le hago esto, si no hago mala cara, si no le digo esto, si no le prohíbo esto… ¿qué tal que me deje? Le voy a decir que no así ella no crezca. Ahí el ego está controlando, haciendo lo que sea para sentirse seguro, es un controlador absoluto. ¿Entonces que es todo esto? Es el demonio, todo eso es lo que hace el demonio para mantener el mundo así.

P. Acerca del ego del Ser.

R. El ego del Ser no es el ego del cuerpo, porque ¿Qué es el Ser? El Ser es eterno, el ego del cuerpo es temporal. Cuando ustedes mueren y tienen otro cuerpo, el ego que va a estar en su otro cuerpo es otro ¿por qué? Porque la cultura va a ser diferente, la familia va a ser diferente, las relaciones que van a tener son diferentes, las experiencias van a ser diferentes y el ego que se va a crear va a ser diferente…

No crean que la personalidad y ego que tienen ahorita es el mismo que tenían la vida pasada; nada que ver porque son vidas diferentes, o sea, el ego en el Ser no es un foco falso, es su Ser real total, es toda su vibración y si toda su energía está enfocada negativamente, el ego total del Ser es negativa, porque eso es lo que es, no hay ninguna falsedad, el ego en un Ser Real es simplemente la energía y vibración del Ser Real y lo que represente que es un Ser del mal, su ego es continuamente maligno en el sentido de que es su realidad, pero es un ego real no es un ego falso.

El ego falso existe en nosotros en cuerpos humanos, existe porque estos cuerpos no son permanentes, no son nuestra realidad, por eso la identificación de llamar el ego que existe y que nos llama reales en este cuerpo-mente es falso, porque cuando muere el cuerpo, muere el ego; en cambio el Ser no, el Ser sigue. Entonces en este mundo para poder ayudar a nuestro Ser tenemos que tratar de trascender lo más posible el ego, porque el ego actúa con estrategias demoniacas…

¿Quién le programa esas estrategias demoniacas al ego?

La red de mentiras o llamado también Matrix creado por satán, los padres, la sociedad, los amigos, la cultura, los profesores. ¿Quién está en todo eso? El demonio… sus padres siguieron a sus padres y ¿de dónde? de la sociedad, de la cultura y todo eso es una cadena, toda esa falsedad y toda esa sociedad que ustedes conocen fue creado por el demonio: las discotecas, sitios de diversión, cosas importantes como los zapatos de marca, ropa de marca, carro modelo tal, el tipo de cuerpo que deben tener, como se deben ver físicamente, como deben actuar, la posición económica que deben tener, etc., todo es falso, eso es creación del demonio, eso no es real…

Un indígena que vive en taparrabos en el amanzanas es más real porque es él y la naturaleza, tendrá algunas cosas en su cultura, pero es más real que lo que nosotros vivimos, no vive en un mundo falso, la humanidad vive en un mundo falso.

P. ¿Qué tan malo o bueno puede ser no tener preguntas?

R. Preguntar no es bueno ni malo. Si no se tienen preguntas puede ser el ego que cree que se lo sabe todo: "yo ya sé todo esto no tengo que preguntar, yo creo que sé las respuestas". O preguntar mucho también puede ser el ego que quiere información, información y más información porque la quiere utilizar de alguna manera, quiere llevar esta información para usarla de pronto con otra persona, con otro grupo de personas, lo que sea no importa. Lo que importa no es lo que pasa sino cómo actuamos y lo que hacemos. Son nuestras acciones lo que importa y es como actuamos hacia los demás y en todas las situaciones que Dios nos presenta, porque los seres creados por Dios, los seres de luz, no crean que no están siendo observados por Dios. Dios está mirando todo lo que hacen también.

Dios creó a todos seres de Luz, pero también vivencia lo que es ser un padre al tener a su hijo el Maestro Jesús. Dios tiene tres hijos, es algo que no se sabe en este planeta aún, pero es así y de esa forma Dios sabe qué es ser un Papá.

¿Qué hace un padre con un hijo?...

Lo corrige. Si tú ves que a tu hijo le gusta subirse a ese muro del segundo piso y le dices que no, y él se va a tirar, de pronto tienes que darle un escarmiento ¡oye te vas a caer y te vas a agolpear! Tú quieres protegerlo, tú quieres que él esté bien.

¿Y qué hace Dios si ve a un Ser de luz perdido?...

Lo corrige, le pone situaciones donde tienes que aprender para crecer porque eres creación de Dios y tienes a Dios en tu corazón, y tú quieres trascender y Dios te da la oportunidad. No es el mal el que te está enseñando. Cuando uno tiene a Dios y tiene que confrontar situaciones, las confronta, las pruebas que Dios nos pone las confronta uno con amor, y con Dios en su corazón no las ve uno como mal, las ve simplemente como pruebas que Dios nos pone para que uno crezca y trascienda porque las ve como lo que es, como un Ser de Luz creado por Dios.

Pero hay situaciones malas en la vida ¿y cómo las ve un demonio?: Pobrecito yo, Dios no existe, Dios no me escucha, Dios no me quiere, todo me sale mal, no tengo fuerza para pasar esto, no tengo fuerza para trascender, el mundo está opuesto a mí, por qué todo esto me ocurre, pobrecito yo. Eso es de los demonios, ahí tienen un demonio…

¿Qué hace un Ser de luz creado por Dios?...

Dios ayúdame a tener fuerza para trascender esta situación, dame el amor que no tengo para poder comprender esta persona, dame la paciencia para esperar a que los maestros terminen para poder empezar el seminario. O me voy a poner bravo y me voy a ir diciendo: ¡Qué es esto, la falta de puntuación, y el incumplimiento! Uno tiene decisiones y ¿Cómo actuó? Actúo como un Ser de Luz creado por Dios o actúo como un demonio. En todo está, en todas las situaciones está, Dios le pone pruebas en lo más básico de la vida y lo más sencillo; sí, en lo más sencillo ahí está Dios diciendo: decida, actúe como un Ser de Luz o actúe como un demonio. Y si actúas como un Ser de Luz, Dios te recompensa, no crean que no, y más de lo que uno espera. Siempre Dios me ha recompensado a mí más de lo que yo esperaba, siempre me ha dado más de lo que yo pensaba que Dios me iba a dar, porque Él es así, esa es su naturaleza, Él da más, Dios es un Ser de dar, pero no sin que nosotros actuemos "ayúdate que yo te ayudaré" actúa como tienes que actuar y recibirás lo que tienes que recibir, no creas que no, todo tiene su sentido y la vida solo depende de cómo uno la actúe: como un Ser de Luz o como demonio, y la vida solo depende de nuestras acciones y de cómo actuamos.

Capítulo 9

TRASCENDIENDO EL EGO HACIA LA REALIDAD

Temas del Seminario "Revelaciones Apocalípticas"

El ego es un aspecto de la mente, no crean que el cuerpo es la realidad. ¿Cómo podemos vivir una vida espiritual y no identificarnos con algo falso (ego)? El ego no nos permite ver la realidad; dentro de estos vehículos o cuerpo habita un Ser de Luz que vive a través del vehículo. El Ser se queda con las experiencias más importantes, y lo más importante es tener una conexión con el Ser Real. Para ayudarnos podemos hacer estos cuatro pasos:

1. Saber tu nombre espiritual es muy importante para empezar a trascender la materia, el aceptar el nombre espiritual y usarlo permanentemente nos ayuda aceptar la realidad, nuestra realidad es nuestro Ser Real con su nombre.

2. Observar la mente la cual es la casa del ego, reconocer las estrategias, ver cuándo el ego está actuando y parar inmediatamente. ¿Cómo se rompe un patrón, una estrategia o una costumbre? La única manera es dejándolo de hacer.

3. Dios es un Ser de Luz, Vibración, Energía, Conciencia, la realidad primordial en conciencia e inteligencia. Rendirnos a Dios, rendir la mente a Dios con amor, dejarle saber mis errores, entregarnos a él sin pedirle nada. Tener fe en Dios, fe de que con Dios todo es posible, fe de con él todo lo podemos trascender. También nos podemos ayudar con las oraciones del libro "Oraciones Inmaculadas a Dios" y sobre todo haciendo tu templo todos los días y leyendo los Devocionales a Dios del libro "Devociones a Dios para Tu Templo".

4. Hacer la autopregunta ¿Quién soy yo?

Pasos para romper el ego:

1. **Dios**: Si queremos conocer a Dios tenemos que rendir el ego ante Él. Nada material nos pertenece y a Dios no le interesa que le rindamos cosas materiales, lo que sí se puede rendir a Dios es la mente; el ego. Para trascender el ego debemos rendirlo a Dios y saber que todo lo que conlleva el ego no es real. Rendirse ante Dios y ser conscientes del ego y de que solos no podemos, y así Dios nos va a ayudar, nos bendice y nos ayuda a trascenderlo.

   Contra Dios nadie puede y él nos ayuda a combatir las estrategias que el caído satanás nos pone a través de la red. Tener Fe en Dios que no estamos solos en esto, salvarnos de nuestros propios egos. El ego es nuestro enemigo interno y rindiéndolo a Dios lo trascendemos, sin Dios no hay nadie en este mundo que pueda transcender la ilusión, solo Dios está más allá de la ilusión, solo Dios puede ayudarnos a hacer la trascendencia del ego en solo un instante.

2. **Autoobservación**: Mirar cuando el ego está actuando, observar las situaciones, los comportamientos, conocernos a nosotros mismos y parar las estrategias. No hay otra opción. Romper y cambiar el patrón que estamos actuando, dejarlo de hacer, parar, si no se hace se va alimentando y se hace más fuerte. Cuando se paran las estrategias es el Ser Real el que empieza actuar, al disminuir los comportamientos egoicos se empieza a formar una nueva programación que viene del Ser en integridad, el Ser se comunica libremente. La vida de verdad comienza cuando muere el ego, el Ser toma la rienda, actuamos naturalmente y es más hermoso.

3. **Nombre espiritual**: El nombre material hace que nos sigamos identificando con el ego, el nombre espiritual nos ayuda a trascender el ego y a identificarnos con el Ser Real aceptando así nuestra forma de luz, energía, vibración, amor y conciencia aceptando una nueva realidad. Es un paso de la falsa realidad a la verdadera realidad, aceptemos

el nombre espiritual y el Ser en toda nuestra vida espiritual y material, hagamos esta trascendencia permanente, luchemos por nuestra realidad, que todos nos acepten con nuestro nombre y Ser Real. El nombre espiritual no es del ego, es del ser interior, pero el ego se lo atribuye. Debemos decir: "El nombre Real de mi Ser es "…". Así el ego pierde terreno al reconocer el Ser Real y pierde poder sobre la mente – cuerpo y va a empezar a ser trascendido. De eso depende el paso de la falsa realidad a la verdadera realidad.

4. **Autopregunta**: ¿Quién soy yo? Hacernos esta pregunta cuando estamos actuando de forma egoica. Para desaparecer el ego hay que desparecer el falso yo (Realizar). Si no hay pregunta no hay respuesta, es una respuesta sin palabras, ocurre por observación y vivencia directa, se quita el pilar del ego y se empieza a derrumbar. Practicar todos los días ¿quién soy yo? Y miramos donde nunca antes hemos mirado.

Al usar estos cuatro pasos a diario, vamos a tener una trascendencia del ego más rápida.

Capítulo 10

TRACENDENCIA DE EGREGORES NEGATIVOS

Para lograr la ascensión debemos primero crear un verdadero desmantelamiento del ego, porque mientras el ego exista va a seguir trayendo al Ser a continuar reencarnando porque va a tener creencias, energías, karmas, ideas, consecuencias y vibraciones sin resolver, y nadie va a tener una liberación si tiene cadenas que los ata a este mundo. Mientras que el ego siga activo siendo el foco de nuestras vidas, por más que hagamos prácticas espirituales y mantras, si en nuestra vida diaria de trabajo y de relaciones, el ego rige nuestras vidas, no estaremos liberados y vamos a tener que regresar hasta liberarnos.

Ejercicio.

El siguiente ejercicio nos ayudará de forma más consciente para empezar a vivenciar cómo la mente por medio del ego nos manipula, y así de una manera más activa poder desmantelar estas circunstancias que manipulan la mente y opacan el corazón.

Cerramos los ojos, nos relajamos, muy tranquilos que estamos con Dios.

Activaremos un aspecto de la mente que sea el más predominante para saber cómo el ego nos manipula, seamos observadores de lo que pasa en nuestra mente, observemos el ego que es el controlador, el que quiere controlarnos a nosotros y a los demás. Observemos cuando empieza a funcionar por una u otra razón, observémonos cómo nos sentimos.

¿Qué quiere el controlador? ¿Cuál es su propósito? ¿Por qué? ¿Con relación a los demás qué quiere hacer el controlador?

No lo describamos como algo aparte de nosotros porque la mente está como el controlador, no nos cerremos al ejercicio, observemos.

¿Qué frecuencia predomina en este momento en la mente? El controlador es uno de los focos más fuertes en la mente.

Vamos a otros aspectos más suaves:

El ofendido: Cuando pasa algo que no nos gusta entonces pasamos a estar ofendidos. ¿Cuál es la acción del ofendido? ¿Cómo actúan? Entre las estrategias que usa están: dejar de hablar, dejar de escuchar, dejar de mirar, irse para otro lado. Ocurre esto porque la mente-ego hace uso de sus estrategias para llamar la atención y controlar, dice palabras para lograr lo que quiere, crea imágenes e ideas para lograr lo que quiere, atemoriza a los demás para lograr lo que quiere, sentir lástima de nosotros para logar lo que quiere.

Esto es algo muy sutil, creemos que es parte de los seres, pero no, es el ego, son mecanismos de la mente. Si dejamos que actúen estamos permitiendo que actuemos desde la mente, no desde el corazón.

El pobrecito yo o el mártir: Es otro aspecto de la mente. ¿Qué actitudes físicas asumen con esta estrategia? ¿qué quiere?

Observemos. Sus estrategias son: llamar la atención para que se le tengan lástima para manipular a los demás, el controlador quiere salirse con la suya y lleva a la mente a sentirse mal, echarles la culpa a otros, internarse, contraerse, guardar silencio y todo lo anterior para llamar la atención. El ego quien desea siempre lograr lo que él quiere es auto contractivo, lo único que le importa es él mismo, en satisfacerse a él mismo.

El bravo: Es lo contrario el pobrecito yo; si la estrategia del ofendido no le sirvió cambia a alguna de bravo, es una estrategia por otra utilizada por el ego. El bravo se manifiesta con palabras fuertes, manipula votos para controlarnos, grita, pelea, impone lo que quiere, llora para manipular a otros, golpea objetos si las palabras no funcionan y hasta llega a usar la violencia, hiere a los demás para debilitarlos emocionalmente y sentirse superior.

El protagonista: Es otro aspecto social que ocurre buscando ser la estrella, llamar la atención, utilizar el humor, superioridad intelectual, el chisme, hablar de los demás para ser el centro de atención porque a los demás les encanta el chisme y el ego se alimenta de eso, también pueden utilizar el alcohol o la droga o levantar la voz para llamar la atención.

El egoísta: El ego activa este estado mental usando diferentes estrategias como: Pedir algo para mí sin importar que otro lo necesite más. Mentir para que otro no sepa la verdad y quedarme con algo. Tomar ventaja de las circunstancias. No compartir información que es importante y así el ego puede ponerse en un estado de superioridad.

Si el ego utiliza toda la vida esas estrategias, ¿qué tipo de vida es esa? ¿Donde el ego controla y no el corazón? ¿Estamos viviendo espiritualmente? Si Dios nos bendice en la mañana al hacer el templo y salimos a utilizar estrategias, ¿estamos siendo seres espirituales?

Debemos usar positivamente todo lo que Dios nos entrega y no dárselo al ego porque estamos destruyendo los regalos de Dios, ya que usamos su Luz para hacer el mal y eso es lo que lleva a la perdición. Debemos cuidar esos regalos y no entregárselos al controlador.

Ejercicio.

Concentrémonos en el gran corazón, y nosotros ¿al sentir el corazón cómo actuamos?

El protagonista no funciona porque no hay protagonista en el corazón, no hay controlador en el corazón. Mente y estrategias no funcionan bien porque en el corazón no hay ideas.

Si las estrategias de la mente y ego callan, pierden fuerza y poder y estamos permitiendo que Dios esté presente durante todo el día en todas las circunstancias para vivir una vida más pura, más balanceada, regida por Dios y no por las estrategias que son tan limitantes. En este mundo, en esta sociedad las materias y las mentes han sido programadas con la idea de controlar y manipular, y la sociedad cree que no puede vivir sin estas estrategias porque entonces pierden poder, pierden el control y por lo tanto pierden identidad. Y eso es mentira, este es un mundo falso ya que está conectado a la red de satanás, no vivimos con Dios.

Tenemos que ser guerreros y no permitir que esto siga pasando en nuestras vidas. Tenemos que ser conscientes de que no debemos ser víctimas de la red para no dejarnos manipular, no dejar que seamos marionetas de la red, por eso Dios nos dice: "Hay que empezar el día conmigo", al hacer el templo en la mañana, Dios nos da todo lo que necesitamos para vivir al día con Él. Pero tenemos libre albedrío y Dios no puede vivir el día por nosotros, si elegimos el mal nos alejamos de Dios y nos rendimos a las mentiras del mundo y podemos terminar alejándonos más de Dios y pasando a ser del otro equipo. Tenemos que amarnos y luchar por nuestros seres.

Pongámonos la mano en el corazón y pensemos si estamos viviendo el día con Dios o si estamos cayendo en estrategias como el chisme, el control, la manipulación en otros y dejando que el ego mande en nuestras vidas.

Dios nos entregan sus bendiciones en la mañana, pero nosotros decidimos qué hacemos con esas bendiciones, pero luego nos quejamos porque las cosas nos salen mal y nos preguntamos por qué, si nos creemos espirituales, pero el ego nos maneja. Pero si estamos con Dios vamos a vivir un día en paz y armonía. Y si vemos estrategias en otros no vamos a caer en su juego porque ese es el juego del caído. Y si vivimos como seres creados por Dios, sus bendiciones van a estar con nosotros por todo el día.

Preguntémonos: ¿Qué seres queremos ser? y si ¿Estamos con Dios con el demonio?

Debemos ser guerreros y tomar decisiones difíciles pero importantes, debemos discriminar qué seres debemos sacar de nuestras vidas, sacar aquellos seres que nos quieren alejar de Dios; debemos amarnos a nosotros mismos, proteger nuestros seres y alejarnos de esos seres que nos dañan.

Reconozcamos aquellos egregores, actitudes y estrategias que hay en nosotros y en otros para aprender a actuar como seres de luz desde el corazón para cambiar nuestras vidas realmente y que las bendiciones que Dios nos da germinen en nuestras vidas porque sus regalos son ilimitados.

Pongámonos la mano en el corazón: Hagamos un voto frente a Dios y tomamos una decisión en serio y decimos: "Voy vivir mi vida en Dios desde el corazón; de ahora en adelante no me voy a dejar regir por mis estrategias del ego, ni por las estrategias de otros"

Hagámoslo de corazón. Tomemos esa decisión ante Dios y cumplámosla, no por unos días sino por el resto de nuestras vidas. Las consecuencias de la decisión que tomemos vendrán con el tiempo, espero que su decisión sea la correcta.

Quienes tienen egregores muy marcados tomen conciencia de ellos, trabájenlos, empiecen por el egregor o la estrategia más grande que manipula sus mentes, escríbala en un papel o cuaderno, trabajen una por vez y cuando estén conscientes de corazón que ya no la están actuando cogen otro egregor o estrategia, y esto lo irá liberando para vivir en sus corazones, desde sus seres. Miren la importancia de vivir sus vidas desde el corazón y no desde las mentes y egos.

Capítulo 11

SIETE LLAVES PARA LA TRANSFORMACIÓN DEL EGO

Tema del Seminario "La Estrella de Belén: El Merkabah de Ascensión"

El ego es nuestro primer enemigo en nuestra relación con Dios. El ego con sus mensajes negativos lleva el Ser a querer explorar este mundo como en fiestas, paseos, vicios, discotecas, etc.

"Mientras exista el ego, habrá un intermediario entre Dios y el Ser" Existen muchas formas en las que el ego se activa de manera negativa y perjudicial para nuestro Ser: por ejemplo, la rabia y el mal genio son actitudes que usamos para controlar a otros para que se acomoden a nuestros caprichos.

1. Estrategia para usar en el momento de rabia: Mirarnos en un espejo. Se usa un espejo pequeño que podamos guardar en nuestra cartera o bolsillo. Se va a un sitio privado y se mira el rostro porque así se reflejan las emociones mundanas. Este reflejo no nos va a gustar ya que reconocemos nuestras emociones negativas y nos daremos cuenta que así actúan los seres negativos que no están con Dios y pensamos: ¿**Esta es la cara que quiero que Dios vea en este momento**? El mal genio causa estrés, alta presión, trae malos pensamientos como venganza, resentimientos, etc.

2. Estrategia cuando intentamos imponer nuestra visión a otros, ya que no descansamos hasta que la otra persona ceda, reflejando nuestra individualidad y el yo falso. Intentamos entonces validarle la razón al yo falso, cuando solo Dios tiene siempre la razón. Cuando nos damos cuenta de esto estamos quitándole poder al yo falso, al ego. Cuando veamos que la situación no cambia, y que las personas no entienden después de explicar tres (3) veces, lo mejor es cesar y cambiar de tema, y si la otra persona quiere insistir en este ciclo vicioso, es mejor

retirarse del lugar. "**Dios es el único que siempre tiene la razón**" decirlo es desistir de querer tener la razón.

3. Cuando nos damos cuenta de que usamos la estrategia de que queremos ser validados como individuos, cuando queremos mostrarnos, hacernos ver. Es un complejo de querer dirigir la atención hacia nosotros mismos. Para ello la llave es decir "**Dios es el único Ser en el universo que merece toda nuestra atención porque es nuestra salvación**". El ego es el punto focal en la materia y en la conciencia de la materia, no en nuestro Ser, pero siempre será una limitante.

4. Cuando nos alagan con toda clase de adulaciones o cuando nos hacen incluso reconocimientos verdaderos hay que pensar y decir: "**Todo lo bueno o grandioso que yo pueda hacer es por la gracia de Dios y debo darle las gracias solamente a Él**" Le damos gracias a Dios por los talentos que nos da. Solo dándole las gracias a Dios alejamos el ego.

5. Buscar momentos de retiro y silencio es una forma de alejar y destruir el ego de nosotros, ya que querer estar siempre acompañados es una forma de buscar reconocimiento. Necesitamos espacios privados para pintar, hacer poemas, observar, contemplar, etc. Así nos reconocemos en nuestra realidad tal cual somos, sentimos nuestro propio Ser. En estos momentos decimos: "**Dios, revélame a mí mismo como funciona mi ego en mi mente**" Observar es una forma de conocernos. "Conócete a ti Mismo" y sigan con sus actividades y observen su mente, conózcanse a sí mismos y así conoceremos a Dios.

6. Cuando estamos hablando y compartiendo con los demás es importante redirigir nuestra atención y aprender a escuchar. Es importante escuchar ya que este arte permite conocer al otro, es como un silencio en el que la mente entra; simplemente escuchamos sin tomarnos nada personal y la mente entra en silencio, así podemos entender a otros y es una forma de quitarle al ego la manipulación. Escuchando entendemos al

otro. Solo con el arte de escuchar podemos llegar a conocer al otro Ser. Decimos: "Dios ayúdame para poder escuchar a los demás y así llegar a escuchar a mi Ser y también a Dios".

7. Siempre que estemos emocionales o alterados como en tristeza, depresión o culpa (porque hicimos algo mal) debemos entender que estos estados son uno de los ataques más fuertes de la red y el ego ya que lo que pretende es minimizarnos. El ego es el peor enemigo de todos los Seres. En estos momentos decimos: "**Solo Dios es perfecto y yo aprendo de mis errores**"

Capítulo 12

TÚ ERES TAMBIÉN CREACIÓN DE TU CREACIÓN

Tema del Seminario "La Estrella de Belén: El Merkabah de Ascensión"

La palabra crea, nosotros creamos con nuestras palabras, pensamientos y memorias, por lo tanto, se debe tener cuidado de lo que hablamos con los demás. Somos creación de nuestras palabras y pensamientos, debemos tener mucho cuidado con las palabras que se dicen a los niños especialmente.

Ejercicio para crear nuestra realidad.

Hacerlo tan pronto nos levantamos de la cama. Nos miramos al espejo y se apuntan todas las palabras que llegan a nuestra mente en ese momento, todos los adjetivos que hemos creado de nosotros, por ejemplo: engañoso, mentiroso, feo, gordo, flaco, etc.

Todas las noches vamos a canalizar una palabra e ir a la raíz, al origen de cuándo surgió y cuándo creamos esta palabra. Tomamos después esta palabra, por ejemplo, mentiroso, y la borramos de nuestra mente, vamos a imaginar lo que sucedió, luego hacemos una carta y escribimos: "**yo siempre hablo con la verdad**". Hacemos una programación, vamos a cambiar cada adjetivo negativo que llega a nuestra mente y decimos: "**esto no nos pasó a nosotros**", "**yo hablo siempre con la verdad**", "**yo no soy feo**" etc. Así se reprograma cada adjetivo o cada palabra, negando cada adjetivo usado contra nosotros mismos y transformándolo. Así nos convertimos en creación de nuestra creación. Debemos primero rechazar cada adjetivo o palabra en contra de nosotros mismos, y segundo debemos reforzar con palabras y adjetivos armoniosos para nosotros.

Los padres limitan a los niños, debemos tener cuidado con las palabras que les decimos, por ejemplo, si nos dicen miedoso, debemos cambiarla por valientes; debemos valorarnos porque somos creación de Dios, mirándonos en el espejo podemos repetir "**soy creación de Dios**", "**yo soy un Ser de luz Armonioso"** y aprendemos de las experiencias del pasado.

Debemos cambiar nuestra programación para trasformar nuestra realidad, debemos valorarnos por quienes somos y reforzar nuestras actitudes positivas. Las palabras crean y alteran nuestra realidad, no debemos aceptar lo que digan los demás, debemos aprender de corazón de las experiencias pasadas. Aprender a pensar antes de hablar y no juzgar. Todo lo que sale de nuestras bocas crea nuestro presente y futuro.

Capítulo 13

KADRUX EL ARBOL DEL MAL

Temas del Seminario "Activando tu cuerpo de Luz"

Es una manera mágica de ver la influencia de la Red. En estos tiempos está siendo implementado por el mal para tenernos dormidos energética, vibracional, bioquímica, etc. Hay que transmutarlo por el Ygdram.

6 venenos.

1. **El deseo**: Sentimiento que nace haciéndonos creer que ciertas cosas u objetos son necesarios para nuestra felicidad. Es un veneno creado por satanás, el cual consiste en querer tener posesiones, objetos, personas, viajes, dinero, etc., que crea desdicha al pretender tenerlas o no lograrlas. Es una lucha interior que nos aleja de nuestra verdadera realidad y propósito el cual es Dios. Este es el plan de satán para que nos olvidemos de Dios, porque Dios tiene un plan para nosotros, Dios nos entrega todo lo que necesitamos. Debemos Tener a Dios en nuestras mentes y corazones y no en lo que deseamos, es en Dios donde vamos a encontrar la verdadera felicidad.

El antídoto: Lo primero es dejar ir los deseos. Poner a Dios primero que los deseos, Dios nos entrega realmente lo que necesitamos, Dios tiene un plan para nosotros, debemos tener a Dios en nuestro corazón y nuestra mente porque nos va a dar felicidad. Dios sabe lo que necesitamos y no lo que deseamos, así vamos a tener felicidad. El deseo es una creación de satán para destruirnos a través de los deseos.

2. **El estrés**: Es una vibración y energía que nos afecta a todos los niveles, causa enfermedades, afecta nuestro Ser, afecta nuestras mentes y corazones, afecta las relaciones con los demás, genera emociones negativas que nos alejan de Dios. A causa del estrés podemos caer en vicios por el uso de drogas

recetadas que se utilizan para combatirlo. El estrés es un instrumento del demonio.

El antídoto: Es hacer los templos todos los días, llevar una vida espiritual, hacer meditación, sacar fuerza en la fe, vivir una vida espiritual bajo Dios que da felicidad a nuestras vidas.

3. **El orgullo**: Es uno de los venenos más antiguos. Cierra nuestra visión haciéndonos ver que somos el número uno, nos hace vivir en un mundo solo de nosotros mismos, un mundo egoísta, un mundo donde todo lo que pensamos y creemos es lo primero, así imponiendo nuestras ideas y creencias ante los demás, que somos los primeros, que nuestra palabra es la que se impone sobre los otros. El orgullo nos hace rígidos, nos vuelve como varillas de acero, genera rabia, violencia, emociones negativas, el orgullo es una semilla básica de las emociones negativas.

El antídoto: Es siendo humildes, es Recibir a Jesús en el Corazón ya que su presencia destruye este veneno, es hacer nuestro templo con amor y humildad, es cuando entendemos que solo Dios es perfecto, es teniendo flexibilidad, teniendo compasión por los demás, ayudando a los demás. Vamos a dejar ir el orgullo en nuestros templos, reconocer que solo Dios es perfecto, y no exigirnos demasiado.

4. **El ego**: Es un sentimiento bien oscuro. Dios nos creó con la capacidad de evolucionar y nos da todo lo que nuestro Ser necesita. Somos nosotros como humanos quienes creamos la forma de vida, eso no lo creó Dios.

5. **Los celos:** Sentimiento oscuro, es un veneno que contamina nuestras almas queriendo tener lo que tienen los demás. Los celos pueden ser a la familia, celos espirituales, profesionales, etc. No hay que tener celos, Dios no nos mide por la posición social o por lo que tenemos. Si nos acercamos a Dios, nos entregamos a Él y nos alineamos con sus leyes o 13 mandamientos, Él nos da todo lo que necesitamos para

evolucionar, para despertar nuestros talentos y no tener celos de nadie.

Antídoto: Entregarnos a Dios, y así evolucionar espiritualmente hacia Dios, para sentirnos completos y no tener celos por nada ni por nadie.

5. **La rabia**: Dios no creó la rabia, este es un veneno creado por satanás en las mentes y corazones humanos. Lucifer empezó a hacer cambios en la creación de Dios para que nadie pueda estar con Dios. Por medio de la rabia se genera violencia, gritamos a los demás, nace la violencia, creamos chismes, la rabia nos consume, a través de estos sentimientos se han creado guerras, asesinatos, etc. La Rabia se alimenta del deseo, del estrés, del orgullo, de los celos; estos son como la gasolina que alimenta la rabia.

Antídoto: Debemos empezar a liberarnos de la rabia y transmutarla en amor, tolerancia, humildad, confianza y Armonía.

6. **Los amarres**: Ocurre cuando ya tenemos el deseo cumplido. Es un apego y deseo a objetos, personas, ideas, y más que deterioran nuestra vida espiritual, que nos atan negativamente y se vuelve como el centro primordial para nuestra felicidad ya que ella no está en cosas y personas, solo en Dios, y el amarre lleva a separarnos de Dios. Se crea un amarre cuando se cumple un deseo y nos apegamos a lo que conseguimos o logramos, nos amarramos a objetos o personas que se vuelven nuestro orgullo y hasta dejamos por ello ir personas importantes para nuestras vidas. Nos amarramos también a ideologías morales, a creencias, a política, a la ciencia, a una pareja, a personas, etc. Todo esto deteriora nuestra vida y evolución espiritual.

El antídoto: Es Dios sobre Todas las Cosas.

6 emociones malignas.

1. **Autodestrucción**: Son patrones negativos en las personas que no se aman a sí mismas y se sumergen en un mundo de

infelicidad porque buscan las drogas, comen mal, comen compulsivamente, se autodestruyen fumando o con vicios destructivos, con dietas, no les importa la vida, descuidan su imagen personal, no hay amor propio porque no valoran sus vidas y seres. La autodestrucción produce un desamor llevándolos inclusive al suicidio. Son Seres que no creen que puedan llegar a ser felices, se mantienen alejados de Dios o ni siquiera creen en Dios. No importa si tienen dinero o no; hay muchos artistas famosos con dinero que se autodestruyen. Debemos saber por qué está ese patrón en nuestras vidas.

2. Miedo: Es un sentimiento de limitación creado por el caído para encerarnos en una concha y así alejarnos de Dios trayendo oscuridad a nuestras vidas, impidiendo actuar bajo Dios y vivir una vida auténtica e íntegra; es como si nos encerramos en una esfera metálica. El miedo nos afecta en todos nuestros aspectos, como el miedo al encierro, al trabajo, al amor, a la aceptación, en lo económico, miedo al éxito, hay miedo de la evolución espiritual, etc. Se debe buscar la raíz del miedo.

Antídoto: Dios quiere que seamos felices sin importar lo que piensen de nosotros, seamos auténticos. Dios nos da fortaleza y todo lo que no es creado por Dios debe salir de nuestras vidas.

3. **Pérdida de control**: Es una emoción de falta de control y es otra de las creaciones del caído. Es una vida material que nos separa de Dios; hay seres que van caminando por el mundo sin rumbo porque no tienen el control de sus vidas, de sus emociones, no tienen fe ni esperanza, se autodestruyen, tienen sexo desenfrenado e irresponsable, exceso de comida, se observen en la televisión, se refugian en las drogas o en los vicios, en la música negativa, etc. Si no pueden controlar nada, acaban con la vida y se entregan al mundo porque no hay control. Debemos tomar control sobre nuestras acciones y sobre nuestras vidas; nuestro destino no está marcado como el mundo quiere.

Antídoto: Vivir como Dios quiere que seamos en nuestras vidas.

4. **Egoísmo**: Emoción creada por el mal. Es como ponerse una venda sobre los ojos donde solo importo yo, cada uno piensa en sí mismo, pasa por encima de todos. Solo importo yo es el lema del egoísmo. Dios hizo el mundo para que entre todos nos ayudemos y todos creemos una realidad nueva bajo Dios. El egoísta solo piensa en él, sin importar cómo conseguir lo que quiere pasa por encima del que sea. Si vivimos sobre Dios estamos viviendo una vida satánica.

Antídoto: El número uno siempre es Dios, exaltarnos a nosotros mismos, compartiendo y ayudando a los demás.

5. **Auto-lástima**: Sentimiento-emoción destructiva del mal. Con este sentimiento se pierden los alientos de luchar por sí mismo, se pierde la fuerza para crear una vida diferente, lo que nos lleva a victimizarnos y crear rabia que nos aleja de Dios. Sentimos que somos víctimas, sentimos que todo sale mal, tenemos el sentimiento del pobrecito yo. Hasta culpamos a Dios de lo que nos pasa, pero Dios no es el culpable, es satán. El mal existe en nosotros porque Dios nos dio libre albedrío.

Antídoto: Dios nos ama, hay que darle crédito a Dios, hay que diferenciar entre el bien del mal. No debemos encerrarnos en la burbuja de la auto-lástima, somos capaces de crear una nueva vida con Dios.

6. **La culpa**: Sentimiento creado por el caído. Es un patrón diseñado para alejarnos de Dios, para hacernos sentir que no merecemos a Dios, ni al Maestro Jesús, ni al Maestro Saint Germain. Sentimiento que nos hace sentir menos, que no merecemos nada, que somos imperfectos, nos hace sentir como si no fuéramos nada. Si cometemos un error siempre podemos pedir perdón, siempre podemos perdonar, siempre podemos volver a Dios. ¿Si Dios nos perdona, por qué nos vamos a sentir culpables? Si cometemos un error con una persona podemos pedirle perdón.

6 Ignorancias

1. **Ignorancia acerca de la realidad de Dios**: Pensar que Dios no existe. Satán por medio de todas las experiencias del mal quiere que creamos que Dios no existe.

2. **Ignorancia acerca del maestro Jesús y su misión en la Tierra**. El mundo no entiende la importancia de la vida, de la muerte del Maestro Jesús, de la vibración, de la importancia de la misión del Maestro Jesús hijo de Dios.

3. **Ignorancia acerca de su Ser Real o su Alma, que es eterno**: Ignorar que en las materias existe un Ser de luz maravilloso creado por Dios. el mal quiere que pensemos que solo es lo material, que se acaba y que ya dejamos de existir, que no hay eternidad, no quieren que sepamos que hay un Ser de inteligencia, de luz, de amor. El alma está dentro de su Ser.

4. **Ignorancia acerca de la Naturaleza**: La humanidad es ignorante de la naturaleza, que es la creación de Dios y es divina, que debemos protegerla y cuidarla para toda la eternidad. Si la estamos destruyendo nos destruimos al destruir al planeta. No hay respeto por la creación de Dios, en la naturaleza hay un balance perfecto, pero cuando destruimos la naturaleza hay desbalance, todo esto tiene una repercusión en todo nivel de la creación.

5. **Ignorancia acerca del propósito de la vida**: El mal quiere que no sepamos el propósito de nuestra vida, que no sepamos cómo vivir una vida con propósito el cual se logra a través de los Trece Mandamientos de la Ley de Dios.

6. **Ignorancia de saber cómo conectarnos con Dios**: Realizando todos los días el templo, recibiendo al Maestro Jesús en nuestros corazones y siguiendo los Trece Mandamientos de la Ley de Dios. Y por esto Dios mandó los mensajeros Galitica Maitreya y Cyndarion Ainiu, para crear una vida y una verdadera conexión con Dios.

6 Ladrones.

1. **La tecnología**: Realidad separada de Dios como las realidades virtuales, la informática, la ciencia y experimentos de manipulación genética, etc. La tecnología debe ser usada para el propósito de Dios y elevando la conciencia de la humanidad.

2. **Conciencia social**: Es lo que la sociedad espera de nosotros, nos dice cómo debemos comportarnos, cuáles son las apariencias sociales que debemos tener, etc.

3. **Legado Familiar**: La creencia de los antepasados, lo que la familia espera de nosotros.

4. **Las falsas amistades**: Son usadas por el mal para llegar a nosotros con el propósito de alejarnos de Dios hablándonos a través de nuestros oídos. Tenemos que saber escoger qué amistades tenemos y que si no es espiritual debemos alejarnos de ellos.

5. **Fijación en creencias de nuestros antepasados**: Creer que todo ya ha sido escrito, creer que tenemos que estar ligados a las enseñanzas de nuestros antepasados. Todo no está revelado en la espiritualidad, tenemos que abrir nuestros ojos para vivenciar una vida nueva, tenemos que ser diferentes y aceptar la nueva realidad en nuestro mundo.

6. **Creernos que somos los más avanzados**: Creer que somos el centro del Universo, que somos los únicos negando así vidas en otros Universos.

El ego.

El ego tiene tres bases importantes:

1. Crear un falso Yo. El ego es el falso yo, la falsa individualidad, el falso testigo.

2. Crear un falso creador, una falsa individualidad.

3. Crear un falso testigo ante la creación de Dios.

El vacío.

Es el resultado de este árbol donde al final no hay nada, solo vacío y oscuridad, negación del Ser, se pierde la sensación de ser, hay separación de Dios, no hay luz, no se siente la presencia de Dios, es todo lo contrario a Dios.

El mal.

Es el origen del árbol.

Capítulo 14

YGDRAM EL ÁRBOL DEL BIÉN

Temas del Seminario "Activando tu cuerpo de Luz"

El árbol que debe ser implantado en nuestras vidas

El dragón.

Del dragón nace el árbol de bien y es la base de la vida espiritual. Representa un Ser que está con Dios. Dios nos dio una creación donde nos ha puesto a los seres de luz, tenemos la capacidad de expresar un mundo de virtudes para llevar felicidad en el mundo. Debemos crear ese dragón de virtudes en nosotros, el dragón son las virtudes que Dios da a sus hijos y las cuales no tienen límites como la paciencia, la humildad, la armonía, la integridad, el amor, la paciencia, la generosidad, la impecabilidad y muchas más.

Emociones trascendentales.

El Amor es la emoción más importante: El amor es una vibración que crea unidad, comunión, es la base donde podemos conocernos unos a otros sin mentiras. Ejemplo, Amor por Dios en todo momento; nuestro amor por Dios es más importante que las leyes de este mundo.

Amor por la creación de Dios: Cuando vemos la naturaleza debemos amarla como cocreadores, como seres que nos han puesto para cuidar este jardín. Tenemos un jardín hermoso y Dios puso ese jardín para salir a disfrutarlo y cuidarlo, darle amor, cuidarlo porque es el jardín que les va a tener regalos. Imaginemos que es todo el planeta que Dios creó y nos puso a nosotros a cuidarlo, debemos ser felices con su presencia bajo su luz y amor. La base después de amar a Dios, es amar su creación, si no tenemos amor por la naturaleza la estamos destruyendo y creando un desbalance y cambios en el clima, estamos dañando todo el planeta. Tenemos que ser conscientes que estamos destruyendo el jardín, la creación de Dios, y si lo destruimos no podemos vivir aquí. Debemos crear conciencia para cuidar al planeta.

Amor por nuestro Ser Real: Amor por nuestro Ser Real, que es el que permite que nuestro cuerpo viva. No todos los seres son iguales, todos somos diferentes, cada Ser fue creado en diferente espacio, en diferente dimensión. Dios es un Ser de creatividad, de originalidad; en el cuerpo hay un Ser de luz, y hay muchos tipos de seres, todos somos únicos. Esta es una de las emociones trascendentales, la materia física debe amar a nuestro Ser, porque nuestro Ser es la realidad, el Ser es eterno, el amor por el Ser tiene que ser trascendental.

Entrega a Dios y Fe en la voluntad de Dios: No podemos entender la voluntad de Dios cuando la mente humana es tan limitante, lo único que tenemos que hacer es entrega a la voluntad de Dios, tener Fe, entregar lo que no entendemos a la voluntad de Dios.

Pensamientos ascendentes.

El pensamiento tiene una fuerza de creación, tenemos que observarlos y deben ser siempre pensamientos positivos, nada de pensamientos negativos. Por ejemplo: pensamientos felices y pensamientos acerca de Dios siempre nos ayuda a ascender, pensamientos acerca del Maestro Jesús, estar felices por su presencia en nuestros corazones, acerca del Maestro San Germain que gracias a su llama de evolución espiritual y conciencia haya un cambio, pensamientos sobre los mensajeros de Dios, sus enseñanzas y misión. (*En este mundo solo hay dos mensajeros, la Maestra Galitica Maitreya está representando al universo y el Maestro Cyndarion Ainiu está representando a este planeta ante el universo. El mensajero no cambia la información, el mensajero recibe el mensaje y tal cual como se lo dijeron así lo entrega*). El pensamiento crea nuestra realidad, la gente que no es espiritual no cree que en la materia influye todo el pensamiento, y el origen del pensamiento tiene una fuerza de creación, los pensamientos deben tener una fuerza ascendente o de cambio hacia Dios, siempre tienen que ser pensamientos positivos. Si tenemos pensamientos negativos vienen del árbol del mal; siempre que tengamos un pensamiento negativo tenemos que cambiarlo por pensamientos positivos.

Ser libre.

El ego ha sido trascendido. Es Trascender el ego que es uno de los Trece Mandamientos de la Ley de Dios.

Mente iluminada.

La mente está conectada con Dios llena Luz de Dios, hay un sentimiento de unidad con Dios y su creación. Las consecuencias de vivir la vida bajo el árbol de Dios es tener una mente llena de luz, conexión con Dios, unidad de Dios y su creación. Dios está en todas las cosas creadas por Él.

Dios.

Es la culminación, el principio y el fin del árbol de Dios, es el que alimenta todo el árbol de la vida, Dios no tiene principio ni fin, a través de Él podemos ascender todos los niveles. Dios es el principio y el fin, es realizar a Dios de una manera profunda, como seres de luz realizamos el plan divino. Allá no importa el árbol del mal porque Dios está con nosotros, vamos a renacer en Dios y vamos a donde nada nos va a faltar, donde vamos a crecer como humanidad bajo Dios.

Tenemos que Tener una relación con Dios, Dios lo es todo, sin Dios nada sería posible, Dios es la fuente de todas las cosas, todo el camino espiritual, es del reconocimiento que con Dios todo puede ser posible, solo Dios nos puede dar el regalo, tenemos que reconocer la realidad de Dios.

Capítulo 15

EL KUNDALINI DANZA COMO UN DRAGON DE LUZ ENTRE TU MENTE Y LA RED.

Temas del seminario Unidos al Quinto Elemento con Dios

Esta es una práctica espiritual para separar la mente de la red, y son vibraciones o mantras. La red crea velos de ignorancia para impedir llegar a Dios, esta práctica relacionada con el shaktipak o despertar del Kundalini. Entonces necesitan dos iniciaciones y es importante que los que no la tengan las activen.

El Kundalini que destruye la ignorancia y nos ayuda a despertar los seres que somos, al estar viviendo una vida en armonía con Dios, qué somos nosotros en la representación en el universo, ya sea angelical o extraterrestre. Y poder vivir una vida realizada sin desconexión, sino con la posibilidad de saber que Dios es real, que existe y que todo tiene sentido, que todo tiene objetivo porque Dios es Real. La felicidad vibracional infinita que Dios tiene para nosotros, lo debemos hacer realidad en cada uno de nosotros.

El Dragón de luz es esa energía divina que se usa para destruir los velos y la ignorancia y los va destruyendo y cambiando a intensiones divinas. Toma la energía de Dios, de la creación, de la naturaleza y destruye el maya y todas las energías negativas que nos alejan de Dios. Por eso se requiere las dos iniciaciones: Las iniciaciones **Shaktipak** y la **Alineación Divina con Dios**, son primordiales porque crea la alineación con ese cordón que nos une con Dios.

Iniciación del **Árbol del Dragón** es más avanzada en el nivel espiritual y se transforman más los átomos de las ideas y de la ignorancia.

El ejercicio es muy sencillo, es una visualización activa, no es una meditación, no estamos tratando de calmar la mente. Es seguir una serie de imágenes de un camino que otros han recorrido, creando arquetipos divinos y separándonos del maya creando despertar en nuestras consciencias. La fantasía ayuda a romper el yugo racional del maya sobre nuestra mente y Ser. Los racionales y los lógicos están perdidos, son las herramientas que tiene el caído para alejarnos de Dios. Al usar la fantasía rompemos el racional y la lógica, y cada visualización está representando un nivel de conciencia.

Lo que está ocurriendo con este ejercicio son representaciones de lo que sucede a niveles más altos, y si tienen la iniciación es más rápido.

Ejercicio:

1. Se imaginan que están parados sobre una montaña alta, y de pronto del cielo aparece una espiral de luz blanca que baja del cielo y de ahí sale un dragón. Este cambia de tonalidades y colores, está cubierto de cabellos, no de escamas, de piel multicolor, con barbas y bigotes largos, alas como ave, brazos, piernas y cola larga que destella como el arco iris.

2. El Dragón llega hacia nosotros y baja su cabeza para que subamos en él. Nos subimos sobre su cuello y el dragón se queda quieto.

3. Nos convertimos en un árbol y salen raíces bajo el infinito de su luz. El árbol está lleno de hojas, las hojas se mueven, cada hoja representa el velo que impide ver la realidad de la conciencia. El dragón se mueve de lado a lado y las ramas se mueven, el dragón es un Ser Real, tiene conciencia y sacude las hojas de la ignorancia. Las hojas van a caer cuando estén listas, cuando reconocen las falsedades de su vida y de sus conciencias, todas las retrospecciones y realizaciones empiezan a caer y se queman en fuego, y cuando se dan cuenta el dragón está quemando cada hoja que cae, cada vez que una hoja se cae hay fuego, se cae una hoja hay fuego, se cae una hoja - fuego…

Y nos entregamos en meditación, las hojas caen, los velos caen, y el árbol poco a poco se va volviendo más pequeño y el viento se va llevando las hojas, se olvidan de ustedes mismos, al final solo queda el dragón. El dragón vuela hacia la espiral, solo queda la luz de mi corazón, la luz de Dios y ustedes lo siguen con sus conciencias. Ya no hay mentira, ya no hay ilusión, y cuando están listos abren sus ojos y ven las cosas con los ojos de la verdad. Todos los velos están siendo quemados. Realizar este ejercicio una vez a la semana después de hacer sus Templos.

Capítulo 16

PLAN ESCAPE DE LA MATRIX: LIBÉRATE Y DESPIERTA A LA VERDADERA REALIDAD

Tema del Seminario "La Nueva Era de Iluminación en Dios. Eclipse Hora Cero

La Matrix es una Red que intoxica la mente, corazones y la materia con información que llega al inconsciente y se repite tanto que se vuelve como la realidad. La Matrix no fue creada por Dios, está unida a todas las materias físicas y a través de la Red envía mensajes negativos, pensamientos y sentimientos oscuros. Satán la creó para hacer caer a todos los seres de luz y las materias a través de pensamientos tóxicos, creando conductas destructivas e irracionales. El caído quiere que pensemos que esto es normal y común, y a través de estas acciones se está intoxicando el Ser, pero nada de esto es de Dios y va en contra de los Trece Mandamientos de la Ley de Dios.

Todos tenemos la libertad de escoger y despertar, todos debemos tomar la decisión de liberarnos de la red; este es un tema de liberación de conciencia. Todo lo que se dice con repetición se convierte en acción y se vuelve realidad, y esto va en contra de Dios. No podemos aceptar las mentiras de la red como la realidad o verdad.

Por ejemplo; a una niña que le dicen: "tú eres fea" o "eres gorda", etc., La red a través de esas palabras la está alimentando con negatividad para que ella misma se crea esas palabras y se autodestruya.

Otro ejemplo; pensamientos negativos como: "A mí nadie me quiere", "tengo problemas", "tengo mala suerte", y más. Todo esto es información que llega de la red, del inconsciente, y todo lo que se dice en forma negativa va convirtiéndose en realidad para los seres que lo creen, y se convierte en patrones de actuar negativos que puede terminar hasta en un suicidio.

Todos tenemos libertad de escoger...

¿Quieres seguir martirizado por la red? ¡No!, los seres que quieran seguir son porque ya están con la red, y nosotros podemos parar esas mentiras del maya.

Ejercicio: Nos relajamos, cerramos los ojos y colocamos las manos en el pecho sobre nuestro corazón, y sin ego, con el corazón en la mano preguntémonos ¿quién soy yo?
Observamos las respuestas que surjan.

Quienes en la respuesta recibieron mensajes negativos escucharon la Red, están sincronizados con la red y están conectados a la Red.

Quien dijo soy espectacular, fantástico, el mejor, un ganador, etc., escuchó al ego. El ego solo sirve para envenenarnos y destruirnos.

Cómo liberarse de la red.

1. **Identificar la Red**: La red solo sirve para intoxicarnos y el ego que está unido a ella no tiene cabida en el mundo espiritual.

2. **Desmentir a la Red**: Preguntar ¿Quién soy Yo? Si las respuestas son un perdedor, fracasado, alcohólico, etc., paren, piensen en todas las cosas y cualidades positivas. Desmentir la Red ante Dios y mi Ser y recordar todo lo bueno que han hecho. Si desmentimos la Red, sus mentiras no se hacen parte de nuestra realidad.

Liberación de la Red.

1. Ejercicio: Apunten en un papel todo lo negativo que la red dice de nosotros. Al frente de cada cosa negativa escrita anotamos algo positivo como virtudes o acciones que nosotros hacemos o tenemos, desmintiendo la red. Si alguien tiene algo negativo, no importa, porque eso se puede cambiar, debemos ser valientes. Los cobardes son aquellos que se tienden ante la vida. "No Somos Cosas Negativas y no las Vamos a Aceptar".

Por ejemplo, para **desmentir la Red**, si la respuesta es negativa usted puede pensar: bueno yo estudié, saqué esta carrera, veo por la familia, cuido seres inocentes, yo trabajo, etc.

Si usted piensa en que es alcohólico, puede pensar en que se puede cambiar la condición: yo trabajo, me mantengo a mí mismo y a mi familia, ayudo a los vecinos, etc. Se puede cambiar la realidad en ese momento, no nos podemos rendir ante nuestras debilidades, ante las mentiras que nos presenta la red, somos creación de Dios y nos merecemos amarnos como somos, respetarnos, luchar por nuestro Ser, luchar y no rendirnos. Vamos a aprender a tener dominio sobre nosotros mismos y si queremos cambiar algo que sea por nosotros, no por la influencia de la red.

"No podemos dejar que las mentiras de la Red definan nuestras vidas" Vamos a escoger de corazón seguir la línea pura, alta, espiritual, cambios evolutivos de una manera más rápida si aceptamos a Dios.

2. **Cómo aprender a controlar a la Red**: Debemos tener dominio sobre nosotros mismos, tenemos que aprender a identificar los mensajes de la red antes de canalizarlos. "Todo Pensamiento Negativo Viene de la Red"

Ejercicio: Por ejemplo, si se piensa: "yo soy una niña fea", "no sirvo, me van sacar del trabajo", "voy a perder todo", etc., vamos a tener control y dominio sobre nosotros mismos, y cada vez que la red inicie un mensaje negativo decimos "**esa es la red**". Luego nos ponemos en pie, nos anclamos en la tierra y golpeamos el piso 1 y 2 con cada pie, nos ponemos el dedo en la boca y decimos mentalmente "shhhh" como callando a una persona. Al hacer el ejercicio tomamos el problema de raíz.

Este tema es entregado por Dios, Dios solo quiere lo mejor para todos nosotros, debemos practicar este ejercicio siempre, es una herramienta de Dios para desconectarnos de la Red, para liberarnos de la red y como proceso de evolución espiritual. Debemos tener amor y compasión por nosotros mismos y en el futuro cada vez que llegue un mensaje negativo, debemos enfrentarlo, callar la mente y detenerlo al instante. En el momento en que paramos el mensaje estamos destruyendo la red y así viviremos la vida real.

Capítulo 17

IMITACIÓN ANIMAL DRUIDA PARA DESCONECTARNOS DE LA MENTE RACIONAL

Temas del Seminario "Dios y su Alquimia de Luz en la genética Humana"

Es un ejercicio muy simple que podemos hacer en la intimidad del hogar sin que nadie nos vea. La mayoría de los seres inocentes son creación de Dios, no todos, ya que algunos son mutaciones, etc., etc. Dios todo lo que crea lo hace en armonía con la naturaleza. Cada Ser tiene su propósito en este planeta como armonizador, depredador, y más. Todo crea un balance y en este momento está en peligro de romperse permanentemente por la destrucción de los recursos naturales, y si una especie desaparece se rompe el equilibrio y se crea el caos.

Sin importar el tipo de Ser que seamos, escogemos el animal que más nos guste. La idea es romper la mente racional, crear una conciencia y actuar más instintivamente. Nos vamos a concentrar en la parte del abdomen que es la más instintiva, dejémonos guiar por el instinto, el instinto se siente desde el abdomen. Meditamos en el animal, pensamos en él, qué sonidos hace, cómo se mueve, si se extiende, como mira, sus comportamientos al cazar, etc. Tratar de compenetrarnos con ese Ser y concentrarnos en el abdomen mientras hacemos la práctica. Si queremos hacer mejor el ejercicio, utilizamos pinturas para nuestra cara relacionadas con ese animal.

Práctica: Nos concentramos en tratar de SENTIR como se sentiría ese animal, con esos movimientos y demás. Empezamos a actuar, a imitar ese animal y nos metemos de lleno en ese papel por 2, 3 o 5 minutos.

No dejar que la mente, red, ego, cree bloqueos para que el ejercicio no funcione. Si los pensamientos llegan, sacarlos de manera primitiva con como un animal: uff VETE, uff VETE (recordar que somos seres inocentes sin mente racional, sin pensamientos). Los seres inocentes no están conectados con la red. Luego de 5 minutos de jugar así, paramos y observarnos qué pasa en nuestras mentes. Apuntar resultados en nuestra agenda espiritual y van a tratar de vivir en esa libertad.

Con este ejercicio vamos a sentir más humildad, fe y amor.

Capítulo 18

DESTRUYENDO LOS VELOS DEL EGO ORGÁNICO

Tema del Seminario "Unidos al Quinto Elemento con Dios"

Recapitulación visual de las programaciones del ego.

El ego es el foco de individualidad con el cual nos identificamos, punto focal donde podemos perdernos, alimentado por toda la ignorancia y la red con informaciones falsas a través de ideas implantadas por amigos, el internet, transmisiones de onda o cualquier otra forma, que afectan al ego por manipulaciones del ego. Crean ideas negativas que alimentan al ego de una manera negativa.

El ego surge porque desde que nacemos nos dan informaciones falsas a través de ideas de otras personas, transmisiones de ondas de televisión, internet, ondas negativas. Y a nivel físico nos dice cómo debe ser el estado físico, la belleza física, de maquillaje, ideas sociales, comunitarias, y por aceptación del ego caemos en esas redes.

El ego tiene un foco falso individualizado, y tenemos a través del ego remordimientos, pérdida de fe, no seguimos los designios de Dios, etc., estas fuerzas nos manipulan a través del ego. Es importante desmantelar el ego lo más que se pueda.

La red fue creada por el caído con el propósito de que todas las almas de Dios se pierdan y sean destruidas. Si este foco es fuerte y grande como el intelectualismo, etc., nos puede hacer perder.

Todas las personas tienen un ego creado desde que son bebés y a ese foco se le da un nombre como Juan, Pepito, Sandra, etc., y se crea una persona. El ego es impermanente, cuando la materia cae el ego muere. El ego no tiene nada que lo sustente, en cada vida que se presenta hay un ego diferente, el ego y la personalidad son diferentes, pero en cada encarnación el Ser es el mismo, es eterno.

La falsa identidad nos da una falsa realidad a la cual está conectada la red: La Red es una conciencia masiva que rodea el planeta y es una red de falsedad que rodea toda la humanidad para alejarnos de Dios, y fue creada por satán para que todos los seres se pierdan y no puedan llegar a Dios, así afecta la conciencia de todos los humanos. Cuando un Ser nace queda inmediatamente conectada a esa red de mentiras y la mentira llama a la mentira, lo falso llama lo falso. Para que quede solo el Ser, es importante en el camino espiritual desmantelar el ego y la mentira, tener cada vez emociones puras. Mientras desmantelamos el ego vamos a procurar tener más inocencia, más fe. Entonces cambia completamente sus expresiones que están conectadas directamente con Dios. Hay que dejar muchos patrones del ego para crear más transparencia.

Ejercicio.

Cada uno coja trece papelitos y de manera muy privada van a escribir los elementos del ego que ustedes saben que tienen, por ejemplo: "Soy Racista" y van a escribir eso en el papel. Cada vez que escriban algo que deben dejar ir, van a meter el papel en una lechuga sin romperla. Después se pone la lechuga al frente y le van a colocar el mismo nombre de cada uno a la lechuga, ejemplo, "yo te bautizo con el nombre Sandra". Nos damos cuenta de la conexión del ego con la materia. Y así, dándole nombre se le dio vida a ese ego que no hace parte de mí con trece aspectos de su ego. De la misma manera cuando al nacer nos dan un nombre se crea el ego.

Luego se coge la lechuga y la meten en la bolsa y dicen "en nombre de Dios y como sea la intensión de Dios dejo ir todo (el aspecto que no hace parte de mi)", se deja la bolsa en el piso y se rompe la lechuga con los pies, conscientemente de que estamos destruyendo estos aspectos y alejándolos de nosotros, dejando ir, hasta que sientan que eso que dejaron ir ya no le pertenece. Y la conexión de la lechuga con ustedes, se imaginan que con una tijera cortan esos hilos. Luego sacamos eso a la basura y nos vamos a sentir mejor energéticamente y mentalmente. Reconocer los cambios ya que, si no se aceptan, los cambios no se reciben. Se es consciente que una vez que hemos quitado el foco del ego en la materia, el foco seguirá hacia nuestro Ser. conexión Ser-materia. por unos minutos se vivencia los resultados del ejercicio.

Capítulo 19

EL BAÚL MÁGICO DE LOS 7 ELEMENTOS PARA DESMANTELAR TU EGO

Temas del Seminario "Dios y su Alquimia de Luz en la Genética Humana"

Ejercicio para desmantelar nuestro ego, el cual es quien nos hace perder la fe, el impulso y voluntad para seguir a Dios. El ego es lo que más nos separa de Dios y nos limita e impide recibir al maestro Jesús en nuestros corazones, nos aleja y nos alimenta con ideas falsas. El ego es un tema importante para todos los seminarios. Por más iniciaciones que tengamos, el ego nos limita. Este ejercicio nos ayuda a desmantelar el ego. Así es como podemos abrirnos a Dios y evolucionar.

¿Cómo funciona el ego? El ego tiene muchas caras y muchas facetas. Los egos proyectan las cosas en vez de aceptar su responsabilidad.

Cómo identificar diferentes aspectos del ego.

Ejemplo 1. Así como Dios tiene emociones, todos tenemos emociones. Cuando una persona le expresa a otra como se sintió por algo que la otra persona le hizo y le dolió, o cuando está expresando algo que le afectó., si la persona que escucha utiliza técnicas de distorsión ante alguien que expresa sus emociones, por ejemplo: "eso no es así" o "usted se lo imaginó". Es un gran ego que no acepta culpa, no acepta que hicieron algo mal y en vez de reflexionar como un Ser de luz lo haría, puede devolver diciéndole las cosas que la otra persona ha hecho sin responder.

Ejemplo 2: Una persona expresa sus deseos de cambiar algún aspecto de su vida, un nuevo trabajo, un cambio, un proyecto, un hobby, en las relaciones, etc. La otra persona trata de desviar citando otros hechos o sobre otra persona, hablando en círculos y sin prestarle atención. Decir cosas como "es que usted nunca está satisfecho" "es que usted siempre hace lo mismo" "usted no va poder" o "asumir que sabemos cómo sabe la otra persona" etc., son reacciones de grandes egos. Estos egos hacen ver pequeños los problemas de los demás y usan estas estrategias de conversaciones en círculo para no aceptar o apoyar, haciendo distorsiones y proyecciones de la conversación hasta lograr que desista.

Ejemplo 3: Una persona quiere hacer cambios en su vida y se lo comenta a otra, la otra persona lo hace sentir culpable y da vueltas en círculos y pone ejemplos de todo lo negativo hasta que hace creer que nosotros somos los victimarios. Hace generalizaciones como usted nunca está satisfecho, siempre es sensible, nunca se le puede decir nada. Estos egos logran aumentar las cosas para hacer ver grandes los problemas o dificultades, y es una forma de evitar ser confrontados.

Ejemplo 4: Cambiar el sentido de lo que se quiere decir tergiversando las cosas, lo disminuye para que su expresión no tenga validez, para no confrontar. Expresiones de ego como "eso que usted está diciendo es absurdo" "entonces usted es perfecto" "entonces yo soy una persona mala" "¿si usted es exitoso por qué no es millonario?" o "es que usted no es bueno porque no es la madre Teresa". Presentan expresiones corporales/faciales restándole importancia a lo que la otra persona está tratando de confrontar sobre determinada situación. Hacer sentir pequeñita a la otra persona para no tener que confrontar o reconocer. Hacer valer como nada los logros personales de otras personas.

Ejemplo 5: Cambiar el tema trayendo a la conversación presente sucesos y confrontaciones del pasado, para no ser confrontado en el momento presente.

Proyecto el Baúl Mágico.

1. Se hace una caja de madera del tamaño necesario para meter 13 semillas de aguacate.

2. Pintar la caja de morado en la parte exterior, y de color negro en el interior.

3. Con un color o marcador plateado, en los lados superior, frontal y posterior, se dibujan unos rombos como lo muestra el grafico.

3. En los lados derecho, izquierdo y la parte de abajo, se dibujan los símbolos correspondientes como lo muestra la gráfica: Apertura del ego, liberación del ego y por debajo sol y luna (Aspecto consciente y sub consciente).

4. Tomar unas semillas de aguacate y poner a secar aproximadamente dos semanas.

5. Estamos muy atentos durante cada día en cada circunstancia o situación para identificar los aspectos más importantes del ego que queremos transmutar o eliminar de nuestras vidas. Al ser identificado un aspecto del ego, tomamos una semilla de aguacate en las manos con la intensión de dejar en ella ese aspecto del ego y desde nuestro Ser pedimos "**Dios ayúdame a liberar este aspecto del ego, no lo necesito más**". Luego metemos la semilla del aguacate en el baúl mágico.

Hacemos el ejercicio con 13 semillas y en cada una le pedimos a Dios que nos ayude a liberarnos de ese aspecto negativo del que nos queremos liberar o el que queremos cambiar de nuestro ego, y con nuestro corazón debemos ser conscientes que al depositar la semilla estamos dejando ir lo que en un principio pusimos en la semilla. Las dejamos en el baúl cerradas.

Después de esto procedemos a quemar el baúl mágico en la fogata del domingo, en el del Templo de Dios. Sentir que desaparecen de sus vidas, que tenemos liberación, seremos mejores seres humanos, tendremos mayor conexión con Dios y los maestros.

Capítulo 20

TRANSFORMANDO EL EGO, CREANDO GOTAS DE AMRITA EN LA GLÁNDULA PINEAL

Temas del Seminario "Amrita: Néctar Divino de Transformación y Cambio"

Una vez más se hace la práctica para entenderla, solo con que lo hagan una vez van a entender el proceso que tienen que seguir.

Práctica

Se respira hacia el estómago y se exhala, es importante la respiración porque a través de ella con el aire nos sintonizamos con el Amrita, la respiración es el vehículo que permite que la materia y el Ser se alineen y ayuda al movimiento de energía en nuestro cuerpo.

Después de la respiración dejamos los ojos entre abiertos como una línea y miramos la punta de la nariz. Observamos como el estómago se infla y se desinfla. Nos imaginamos cómo la luz de Dios entra por la cabeza, también imaginamos en el centro de la cabeza una figura geométrica como un polígono color rojo como si fuera el centro del foco del ego, es como una sombra que cubre los centros energéticos de la glándula pineal manteniéndonos separados de Dios. Y este polígono de color rojo está en constante movimiento en la glándula pineal, está como una sombra entre la glándula pineal y el Ser, lo cual impide que podamos tener claridad con nuestro Ser y comunicación con Dios.

Ahora imaginamos una gota que cae por el tubo de Luz desde Dios y rodea esta figura geométrica que es pequeña e inmoviliza sus movimientos estratégicos; la va rodeando con su luz Amrita hasta que la figura se detiene en una de sus caras. Esta cara es como un egregor del ego, apenas pare identificamos un aspecto del ego, una vez identificado el aspecto del ego que necesitamos cambiar y se identifica con esa cara del polígono... La gota de Amrita rota la cara del polígono, se ve cómo se va extinguiendo y desvaneciendo, se vuelve transparente, inexistente hasta que no se vea más. Al dar vueltas la gota de Amrita hace que la cara del polígono se haga transparente.

Se visualiza como ese aspecto del ego fue transmutado por nosotros mismos en algo positivo que se manifestará en nuestras vidas. Ahora nos olvidamos de la gota de Amrita, del polígono y nos focalizamos de nuevo en la punta de la nariz y así trabajamos de nuevo otros aspectos. Cada aspecto se puede trabajar por 15 o 20 minutos. Hacemos por 10 minutos el mismo proceso y meditamos en ello. Después vamos a apuntar en una agenda nuestra realización con este ejercicio. Es importante escribir porque es como si estuviéramos creando.

Capítulo 21

ENTENDIENDO TUS CICLOS INTERNOS MANIFESTADOS EN TU MENTE Y EGO

El cuerpo físico tiene sus propias conexiones mentales y emocionales. Cuando se creó el Edén en un principio estas materias estaban conectadas con el Ser. Las materias vivenciaban y experimentaban lo que el Ser real sentía. Durante muchos milenios después han pasado muchas cosas y la mente de la materia no está conectada con las emociones, expresiones y vibraciones del Ser; es decir, hay separación entre el Ser y la materia. En el origen todo estaba intervenido por Dios, pero lo que está sucediendo hoy no es de Dios, y esto sucede por el libre albedrío. Porque por el libre albedrío se decide hacer lo que se quiera como lo quiera y eso está bien porque así lo quiere Dios y es su ley Universal.

Antes de crear el Universo, Dios hizo la ley divina universal: El Libre Albedrío. Dios creó todos los Seres como bebés nuevos e inocentes. Creó como un mapa para que los seres pudieran entender y apreciar la creación de Dios. Puso talentos y atributos para que los Seres pudieran co-crear. También hizo el libre albedrío porque Dios no es un dictador, pero los seres quisieron crear seres que no son de Dios y no son Divinos, no tienen balance Divino por lo tanto no están para hacer el bien; estos seres son creados para beneficiar a su creador que es satán.

Los Seres que fueron creados por Dios y que decidieron separarse de Dios como Lucifer, quien fue un Arcángel amado por Dios, y por eso cayó y por muchas otras razones que no podemos revelar hoy, pero por su orgullo de querer hacer las cosas como él quería…

Vamos a contar algo por primera vez: Ese Arcángel se enamoró de Dios de manera inapropiada. Se enamoró de Dios quien es masculino, aunque Dios puede tomar la forma que quiera, y Dios le dijo que eso no estaba en armonía con su creación. Dios creó masculino y femenino en su plan de perfección y armonía para el universo. La sociedad puede que acepte el homosexualismo, pero esta idea no es creación de Dios, es creación de satán.

Satán cayó a lo que se conoce hoy como el infierno y fue desterrado al centro del planeta como una prisión por el daño que estaba causando a los Seres de luz. Fue desterrado para que meditara, pero en lugar de eso hizo su propia creación ¨el infierno¨. El infierno no es creación de Dios ¨Lo que es de Dios es de Dios, lo que es de satán es de satán¨. Hay seres que siguen las ideas de satán y estos seres vibran con estas energías y por lo tanto se desconectan de Dios, y cuando se desconectan de Dios su forma cambia a animalesca, como demonios, por ejemplo, como los extraterrestres oscuros que se les hunden los ojos y se le alargan los dedos. La hermosura de Dios que antes había en ellos desaparece y cada vez se van pareciendo a la forma del mal que es satán.

Entonces, todo esto que pasó, ese rompimiento de conexión con Dios y la creación de su propio mundo, y el hecho de no tener la luz de Dios hizo que satán robara la luz de Dios a otros seres de luz con magia negra, con ataques con tecnología ET, etc., porque si no lo hacen dejarían de existir por no tener la luz de Dios. Satán tiene muchas almas en el infierno con contratos y los usa como baterías, como en la película de Matrix la cual es una analogía del inferno. Usa a los seres y su energía para poder alimentar a sus demonios. Satán manipula al mundo a través de la pobreza para que piensen mal de Dios porque se alimenta del odio, la venganza. Las perversiones energéticas lo fortalecen a él y a sus seguidores.

Satán creó una especie de conciencia real, Matrix. Creó como un satélite o transmisor que actúa en la conciencia y en las mentes de la materia. Es como un hilo de energía que va conectado al cerebro humano y que le dice: ¨miente, roba, sé tú primero, amenaza, tú eres culpable, odia, siente rencor, el dinero es tu dios, sexo, vive en la perversidad sexual¨. Todo esto lo manda a través de la red de las mentes y estas mentes mandan eso a la red de las demás mentes, y eso pone a satán feliz, por eso no solo hay Seres de luz, también hay seres del mal donde no hay la luz de Dios. Esto no lo ven porque la Matrix les mantiene los chakras superiores bloqueados.

Así nació la Matrix, y la materia al estar conectada a esa red y al mundo, y al no identificarse con el Ser real, entonces la materia creó una nueva identidad, el Ego que es una falsa identificación. Esto es lo que reciben de los transmisores de la red y de satán. Así manipula satán a la humanidad, haciéndoles creer que son ellos mismos los que piensan así, y como no ven de donde viene esa información creen que es de ellos mismos. Por eso, la Realización permite ver que una cosa es diferente a lo otro. Esta información que les estoy dando sirve para que se den cuenta de la realidad de este mundo. Solo Dios puede liberarnos de la red. Ninguna técnica, Asana, Mantra Yoga o Meditación puede ayudarnos. Solo Dios. Perdonen la palabra que voy a usar, pero es la que mejor describe lo que está pasando: ¨Solo Dios puede salvarnos del mierdero que se ha creado el mundo del mal. Hay que traer a la conciencia de todos la verdad que es Dios¨. Cuando la humanidad cambie la conciencia esta será salva. Nosotros estamos aquí para ayudar que eso pase, somos los pioneros para ayudar a que esta realidad cambie.

Capítulo 22

SUPERA LA INFLUENCIA DE LA RED Y TU EGO

Este tema fue creado por el Maestro San Germain y mi Ser Cyndarion Ainiu. Como les decía, el Maestro San Germain ha estado a lo largo de toda la vida al lado del Maestro Cyndarion, desde niño, así como el Maestro Jesús y la Maestra Galitica pasan mucho tiempo juntos compartiendo y trabajando.

Anécdota: El Maestro San Germain me cuenta cosas que yo no recordaba cuando era niño, como cuando el maestro San Germain corría por los tejados con sus tacones detrás de mí y le ponían quejas. En la última encarnación del Maestro San Germain en Francia solo los hombres usaban tacones, medias veladas y el Maestro San Germain usaba su bata y su capa y su bastón. Muchas veces se viste así porque tiene la memoria de su última encarnación. Usa sus gafas su camisa con boleros ondulados y pomposos su chaqueta de seda y sus zapatos de tacones y gamuza con medias veladas. Solo cuando está haciendo algo espiritual de su trabajo usa su capa violeta. Muchos seres representan en sus costumbres la forma como era en su última vida y se viste como fue entonces. El maestro Jesús viste una bata rosada y usa sus chancletas, no más.

Entonces como les decía, el maestro San Germain corría por los techos detrás de mí y mi Ser rompía tejas y le ponían quejas. El me cuidaba todo el tiempo. ¨Recuerdo que una vez de niño caminaba por una construcción con un amiguito y por accidente el muchacho me empujó, caí al vacío y justo antes de caer, el Maestro San Germain me tomó y evitó que cayera al piso¨ El maestro San Germain me protegía y me enseñaba de espiritualidad. Él ha sido como mi padrino, tanto así que me dice ¨mijo¨ porque estuvo conmigo desde pequeño. Los temas para los seminarios los trabajamos juntos. Todos somos como una familia. Recuerdo en un seminario cuando estaba canalizando, me decía el Maestro San Germain "somos como una familia"

Les dejo estas notas importantes.

1. **El Ego tiene que verse como un parásito**: Son como seres orgánicos y son entidades que dependen de otro Ser para subsistir. Si no se le da comida al ego este empieza a desaparecer: Es así como si se tienen parásitos o lombrices en el estómago y se limpian, por ejemplo, con semillas de papaya (se licuan en agua y se toma, esto ayuda a desparasitar). Si se hace un ayuno por semanas los parásitos se mueren y van a ser expulsados porque no hay quien los nutra. Por eso no hay que alimentar el ego.

2. **Como es un parásito, el ego se puede eliminar**: El ego puede ser liberado de la mente o desparasitado. Esto no es imposible. El ego quiere hacerles creer que no es así, pero no deben creerlo.

3. **El ego no solo se alimenta de la mente**: El ego se alimenta también de las emociones y de los pensamientos., crea falsas emociones y falsos pensamientos para sobrevivir. Nos hace sentir miedos como que nos va a pasar algo malo. Esto se siente en el pecho como un miedo que se expande. Este es un mecanismo de supervivencia que el ego usa.

4. **Como el ego es un parásito, no hace parte de mi mente ni de mí Ser**: No es construido o diseñado o es un diseño Divino creado por Dios, por lo tanto, hace parte de mi mente o de mi Ser. Hay defensores del ego que se encuentran en muchas partes y lugares como el Facebook. Ignorantes que no entienden de espiritualidad. ¨El ego es un parásito, hay que sacarlo, y no es Real.

5. **El ego no tiene un núcleo o centro de creación**: Es un conjunto de ideas, creencias, emociones y pensamientos falsos y que crean una falsa identidad. Es como una esfera negra y viscosa como en el ejercicio de meditación anterior, es una

esfera hueca. En el centro es hueca. No es como en el centro de nuestro Ser que existe el Alma, el ego no tiene un centro porque es falso, no es real. ¨Cuando el ego se destruye solo queda el Ser y la materia y la mente iluminada¨, cuando esto sucede puede haber cambios en la personalidad, esto sucede poco a poco. Así no se tenga ego, el Ser tiene sus gustos como en colores, puede jugar con arena, puede gustarle el helado de vainilla o ir a una montaña, o le gusta abrazarse a un Ser de luz, o le gusta ver un programa o película. Muchos de estos gustos tienen que ver con el carácter del Ser, cosas que le gusta o que no le gusta.

Los Seres fueron creados para que busquen la perfección, pero no son perfectos y no lo serán, porque solo Dios es perfecto. El mal no es estático, tiene sus estrategias y tiene cambios. Así como los Seres de Luz evolucionan, los seres del mal devolucionan, pero esto no va a durar para siempre, va a llegar el momento en que los Seres de Luz van a confrontar a los Seres del mal y todo cambiará, todo va a y ser mejor. Nosotros los maestros estamos preparados para cuando ese momento llegue, el momento final.

Anécdota: Hubo un momento años atrás en que llegó un demonio y sinceramente nos pidió ayuda. Se le puso muchas pruebas y las sobrepasó y se transformó una vez más en un Angel de luz y en ese plano donde está se casó bajo Dios con otro Ser de luz de la naturaleza, una guerrera, y ahora tiene 13 hijos y son hijos especiales y tiene la conformación de los dos. Todos los seres pueden volver a Dios si de verdad lo desean con sinceridad y amor.

OTRAS PUBLICACIONES

De Cyndarion Alniu y Galitica Maitreya

El Ainiu. Una Profunda Historia de Poder Personal y Auto Transformación. Ganador 2011 del premio finalista en el concurso nacional de Estados Unidos: NATIONAL INDIE EXCELLENCE BOOK AWARDS®*** Categoría literatura Espiritual Nueva Era.

Tuimm Sanat. Una verdadera pre-historia sacada de las grabaciones akashicas donde los increíbles misterios a cerca de Dios, la formación del Edén, la creación de la humanidad y mucho más. Una increíble transformación espiritual en cada página.

Oraciones Inmaculadas a Dios... Transformando el ego hacia la Realización de Dios. La manera más simple de liberarse en esta vida, es con un corazón devoto hacia Dios.

Transformando la Ilusión en Verdad. El sendero hacia la libertad personal y la Iluminación.

Dios y la Espiritualidad. Diferentes cosmologías y Religiones, una visión clara de varias metas en el sendero espiritual.

Perlas para la Evolución Espiritual. Perlas de sabiduría de dos Maestros Iluminados entregadas para todo aquel con el propósito en su corazón de realizar la verdad acerca de este mundo y la existencia de Dios.

La Realización del Ser. Cyndarion presenta aquí de una manera muy informal y práctica, enseñanzas claras y sencillas acerca de la verdadera naturaleza del Ser.

La Alquimia de Protección Espiritual: Este es un tema poco explicado en los ámbitos de los grupos espirituales, debido a que es atemorizador para algunos y muy dual para otros que solo quieren creer en los ángeles y las hadas. Sin embargo, en la realidad de la presente condición humana, a cada momento estamos siendo afectados por los pensamientos y emociones de personas cercanas a nosotros.

Sustentando la Existencia de Dios. Dios es un Ser Real con Forma, Mente y Emociones Divinas. Esta es la base de este libro que sustenta ante todas las creencias falsas esta misma verdad a todo momento: Dios es un Ser Individualizado y Viviente de Luz, Sabiduría y Amor.

Sabiduría Interior. Despierta tu sabiduría interior con mensajes inspiradores diarios presentados por dos Maestros Iluminados con más de 30 años de experiencia.

Los Horrores de la Televisión. Este libro nació de la manera más inesperada en el momento más puro donde en un viaje que hicimos a la ciudad de Sedona en Arizona (USA), pudimos compartir de una manera informal en medio de esa hermosa y supremamente espiritual ciudad con el Maestro Ascendido Jesús quien nos deleitó con estas palabras sabias que salieron de su Corazón.

Devociones a Dios para tu Templo. Con este libro esperamos inspirarte para alcanzar la meta más alta de la vida: una relación genuina con Dios, el Ser Supremo y Personalidad de toda la Existencia.

El Templo de Dios

Para solicitar las publicaciones anteriores o ver más información de nuestras enseñanzas ingrese a nuestros sitios.

www.spiritualkey.com - Estados Unidos

www.eltemplodeDios.com - Colombia

www.ingramcontent.com/pod-product-compliance
Ingram Content Group UK Ltd.
Pitfield, Milton Keynes, MK11 3LW, UK
UKHW041934190726
13854UKWH00004B/1591